少作集

法理诗情两地书

晋言/著

法律出版社 | LAW PRESS

推荐语

细细阅读伯晋诗，它以一种平静的姿态，慢慢展示个人生活的细节，并且与你娓娓叙述生活的各种烦乱、激动背后所坚守的私人的内心宁静。因此，这些诗歌，需要静下心来，多吟诵几遍，多想象几秒。

——中国社会科学院大学副校长、法学教授　林维

读伯晋《少作集》，爱不释手，手不释卷，感其诗心，一咏三叹。伯晋以诗写其心、抒其怀、言其志。余人常忧古诗之道不传，虑附庸风雅率尔之作滥竽，更笑粗陋老干部体之充斥。读伯晋佳作，欣慰诗道有继，古人不孤。

——中国政法大学法学院副院长、法学教授　许身健

我与张兄相识多年，张兄对诗的热爱，对古律的热忱，在当代的繁华俗世中难能可贵，尤其在诗文题材和现实意义上的拓展和思索，颇具个人风格。

——作家　紫金陈

作为法律公众号的“三派五流”之一，张伯晋博士创办的法律人诗社如一根金色丝线，弥合了法律职业共同体理性与诗性的分裂，将“文艺流”的作用发挥得淋漓尽致。恰逢他的个人诗集出版，其中很多作品都在“法律人诗社”公众号首发，饱含法理诗情，值得一读，特此推荐。

——“法律读库”创办人　赵志刚

晋言兄对律法历史、当世法治有独到的见解，家国情怀，离愁别恨，把酒言欢，兴起处皆有成词。《少作集》就是与少年过往的一场诀别，一曲肃杀的笙箫，也是中国诗坛的新兴之作，值得慢慢品读。

——“法律读品”创办人　陈锦

翻看《少作集》中的每一首，记忆都翻江倒海一般淹没过来。近年来，晋言的所思所虑所爱所忧尽在这些诗篇。其中有缜密的逻辑，渊博的知识，更有对格律的坚守，又常做惊人之狂想。诗意千回百转，诗心纯如赤子，这些都在本集中脉脉涌现。

——编剧　安妮

匠心独运，方能见“我”。但在匠心之上，还有更高的概念——借用哲学家斯宾诺莎的关键词，在匠心之上，还有个概念叫“主动情感”。这种情感和诚意是能生出能量的。晋言的诗词便是如此。你看，他笔下透出来的情感——无论是夫妻异地的离愁别绪，还是好友相见时的欢喜和相离时的忧伤，或者是对都市繁忙生活的无奈，甚至对某类群体的人生关怀，无不充满匠心，无不浸润着主动情感，这样的匠心和情感，无疑会让古典诗词这种形式发出光芒与火焰，而正是这种匠心和主动情感，让他的诗词与为了古典而古典的老干部体诗词截然分离，实现他自己对古典诗词的主张：诗庄词媚，字短情长。

——专栏作家、媒体人　邱二毛

伯晋兄谈吐豪放，大有魏晋遗风；诗词骚然，颇有唐宋古韵；文笔怪奇，深得明清三味。实乃当世难得之妙人也。有幸曾与其把酒言欢，亦倾倒于其生花妙笔，今复诗集在手，不忍释卷，引为生平一快。

——“桂公梓”创办人、作家　桂公梓

我是一个粗人，不会吟诗作对，所以就特别佩服这些能写诗的人，比如说伯晋。每次与朋友相聚别离，他都能有诗词相赠，还把莎士比亚的英文诗翻译成了中国的古体诗。忙忙碌碌的生活中，我们需要有诗歌慰藉我们的灵魂。伯晋的诗集，值得每一个法律人拥有。

——“CU 检说法”创办人、《清风苑》杂志执行副总编　王栋

“少作”之意为“慰藉少年诗心，作别昨日之我”。或许每个人都应该有一场与自己的“伤别离”，才能领悟生活悲喜的可贵。读《少作集》，就如越过山丘之后闻见的人间烟火，谈笑间便有了音韵格律。读《少作集》毕，就如亲历了作者的意境，与昨日执念作一次和解，与昨日之我道一声珍重。

——漫画家、“小轴说法”创办人　陈泉

小时候我有个梦想，是当李白一样的诗人，吟诗走天涯。但这个梦想被时不时的背诵全文给击败了。造化弄人，终究我还是选择了需要背诵却好像不那么有诗意的法律。还以为就此跟诗词无缘，直到遇到晋哥哥，成了他和法律人诗社的粉丝，才发现原来法律人也可以写出这么有意境的诗词。如今我觉得没有诗意的法律人都是不纯粹的，毕竟要有看齐意识嘛。现在我的书桌上有两本书，一本《诗词格律概要》，一本《杜甫诗全集》，都是晋哥哥推荐的。不过，现在要再多一本了，学习法律人的诗意，就从这本书开始吧。

——“御史书苑”创办人、检察官　郑帆

诗词的妙处就在于，诗词是以最少、最精练的语言，去表达最多、最复杂的情感。伯晋的《少作集》，适合慢读，然后慢慢体味“诗庄”“词媚”，以及字短情长。你坐在这里读它，就能回味到远方情愫，体会“法理诗情两地书”的离愁别绪。

——北京市人民检察院三级高级检察官　梁景明

风流才情却对爱情专一，博学个性却又不自傲，明明手到擒来又毫不在意，伯晋兄至情至性，还总有些让人意想不到的技能。写诗只能算是一件他最喜欢做的事儿，有时格律严格，偶尔恣意挥洒，我更喜欢他砭庸针俗的一面。胸无杂念，心怀山海，就是他了。

——自媒体人、专栏撰稿人　胡兮兮

序

诗词虽以唐宋为尊，后代仍不乏诗词名家名作。纵使时代变迁，花果凋零，仍有人嗜此“雕虫”，每以格律自缚，吟弄风情，飙歌日月，偶有佳作，久之累积一箧，可传之后世。

传统艺术不绝，令人欣慰。不过，吾人不能不承认，雅好诗词之人虽多，诗词之式微却是不争的事实。年长者之手书口占，伧俗不堪者居多，此类诗词多出自老干部，故谓之“老干部体”，珠玉抑或泥沙，可识别度甚高。

马齿渐长，欲雅而俗，益增吾人今昔霄壤之感。年轻者爱读个词、喜背首诗的，原本不多，能写得一手好诗词的，更是寥若晨星，偶有爱好者凑韵之作，能卒读者有几?

吾友伯晋，名字有古风，于文学亦甚好古，尤工诗词。余读其作品，大为惊艳，不期其年尚风华，镂玉雕琼，裁花剪叶，笔下竟有唐风宋韵，令我拜服。

今示我《少作集》，满眼花钿，如缀芳枝，读之如饮春醪，心旌摇醉。惟不知“少作”是自谦量少，还是自谦“年轻不成熟之作”。以吾观之，量既不少，质亦极高，纵名满诗坛之日，年高德劭之时，亦必无“少作”之悔。读者观之，知吾所言非虚。

伯晋将此付梓之前，索序于余。余得缀数语于其书，附骥尾以行千里，喜不自胜，顾不得蒿蓬，亟草此文以付之。

清华大学法学院教授　张建伟

自　序

诗庄词媚，字短情长。学诗写诗，恍然间近二十年。而略窥五七言格律门径，悟得冲淡平和旨趣，不过是近三五年之事。

岁月流转，人事荼蘼，不惑之年将届。黄景仁诗“结束铅华归少作，屏除丝竹入中年”，深得我心。四十年来，负笈吉林长春于吉林大学法学院求学逾十年，蜗居燕京西山脚下于检察日报社工作近十载，皆处处与诗词结不了缘。所伤所痛，所忧所愤，无不入诗。因之，选敛诗词吟草旧作，成此《少作集》，以慰藉少年诗心，作别昨日之我。

学诗以来，随行随记，每年寥寥数十首，经年而积累渐丰。余偏爱词作胜于诗作，多写离愁别绪，本辑可视为个人“心情日记”。乘媒体工作之便，走访山河名胜，必作诗记之，则本辑又可视为“韵文行记”。

反躬自省诗风词韵，诗慕摩诘，词尚纳兰。余不敢言能诗，效仿先贤，笔耕不辍，惟切磋琢磨，渐学渐悟，以诗写心，以字抒怀而已。盖人生“离”字最难堪，劳燕双飞，知交散落，天涯海角，鱼雁难凭，非陈诗何以展其义，非长歌何以骋其情？遂有此辑，唱遍人生不如意，寄与知心人。

或有朋辈诘问，付梓诗人如过江之鲫，此“鲫”有何不同寻常之味？答曰：无他，诚如杨绛先生于钱钟书文集序中言，“供会心的读者阅读欣赏”。人生知己难求，愿以此辑，略抒心曲，求其友声。全无诗教之心，更少激励之语，诸君可放心阅读，权作消遣。

以文会友，以诗结缘。早年作品，或青涩稚嫩，或格律不工，今日读之倍感学诗不易，皆合辑供诗友一笑。丁酉年以来，愈发体味五七言之美，诗作渐多，格律渐工，略有脱匠气入自由之感。体察人情事理，亦归恬淡，不复作惊人之语。近年来，个人诗草均首发于“法律人诗社”公众号，仓促而就，错漏百出。今再次修改，补救瑕疵，以上种种，乞方家批评。

草五万余字，皆散漫吟成。“争忍情心凭泪染，须将憾事对云抟。瑶琴未碎初心碎，年复年来乱乱弹。”谨以此辑，敬赠高堂父母、苹老师、安妮姐、陈锦弟及诸亲友。

今生不易，相互珍惜。

晋　言

戊戌年暮春　于北京西山

目录

一、“诗庄”篇

二、“词媚”篇

三、“笑解莎翁”篇

一、“诗庄”篇

（一）五律

【新年机场有感】

归宁千里外，闲困倚斜阳。
无力非罹病，多愁缘返乡。
凝眸浑似梦，散叹漫如霜。
岁岁相来见，蘋洲莫断肠。

注 夫妻二人异地生活，聚少离多。过年时，二人同去妻子家乡长沙，因聚而忧别，心事重重，故成此诗记之。

【暮访山寺】二首

题记：清明后，夫妻二人趁暮色登八大处，游人稀少，薄暮茫茫，有感于心，得诗二首。

暮访山寺之一

暮访灵光寺，松香槛外寻。
山风潜倦鸟，日影渡禅音。
凝睇思忧喜，登临忘古今。
白云归海去，为我洗尘心。

暮访山寺之二

春暝访翠微，山鸟向巢飞。
野墅临危壑，初灯接落晖。
玄岩生怒相，碧廓染奇绯。
更有痴儿女，迟迟踏月归。

【京城晨雨有感】

雨若千层幔，濛濛笼帝京。
倚阑身愈懒，眺远目难明。
浊絮归泥淖，闲笼息鸟鹦。
红尘皆阻隔，白粥起香清。

注 戊戌年谷雨后，京城小雨，作诗记之。

【相思】

杯酒遣相思，当吟侧帽词。
襟前风逐月，纸上字成痴。
画扇悲公子，狂生慕紫芝。
缁尘京国客，杯酒遣相思。

注 法律人诗社“相思”同题诗赛参赛作品，写纳兰性德的相思，也寄托了笔者内心的情感。

【对月口占】

天公偏爱月，入夜遣清风。
玉宇归同色，神州共远穹。
溶溶思旧梦，皎皎望仙踪。
多少鸳鸯侣，薄情复转浓。

【夜雨】

满园风啸啸，浊夜雨迟迟。
芳树摇惊鸟，闲花落小池。
九霄银电密，万顷墨云滋。
归燕何当返，晴深晴浅时。

【晨日口占】

扑面晨光暖，青青照海棠。
远山风动绿，近圃叶凝香。
方夏蝉声躁，须秋雁翅凉。
匆匆一渠水，几度鉴朝阳。

注 渠为北京西郊八大处路上的永引渠，东西流向。

【别贵阳有感口占】

风引湖前柳，愁耽雨后心。
闲凉何处觅，快畅此中寻。
向日须邻海，明朝或念黔。
结庐山水畔，应笑白头吟。

注 出差到贵阳，清凉舒爽，名不虚传。沿观山湖长走休闲，令人难忘。临别贵阳，作诗记之。

【飞花令之风花雪月琴棋书画】

风动千帆过，花明百蝶攒。
雪晴檐有泪，月冷柳无欢。
琴哑弦如断，棋闲局未残。
书成一字恨，画与后人观。

注 与友人联句游戏，以风花雪月琴棋书画藏头作诗。

【立春日与锦弟书】

遥闻兄弟事，涕泪染双襟。
笑里肝肠痛，闲来思虑勤。
举身忧美政，俯首愧双亲。
安得脱形役，江湖寄此心。

注 用新韵。

【桐庐行吟】

桐庐来去也，未见富春江。
入夜加餐饱，平明会友忙。
徜徉阅青草，谈笑寄红裳。
山路蜿蜒处，人间又一庄。

注 晨别国家检察官学院浙江分院，口占为记。学院坐落在桐庐县，靠近富春江，因行色匆匆未得一游，甚为惋惜。用新韵。

【高考日感怀】

曾为读书苦，天才自不如。
残星已行路，落日未归庐。
世界资同社，人生乘与除。
焉知理和化，廿载忘成无。

【高考日怀班主任老刘】

犹记当年事，同窗谑老刘。
兰花三翘指，灯泡一光头。
冷眼学渣恐，热心学霸愁。
今朝思过往，人事两悠悠。

注 怀念就读于北京九中时的高中班主任刘国生老师，作诗记之。

【夏至夜与胖胖吃瓜有感】

溽暑赖何消，西瓜分外娇。
青青琢碧玉，默默饮寒刀。
瓜血今朝洒，瓜皮明日抛。
年年瓜死处，奇志动云霄。

注 用新韵。

【东湖夜行】

斑斓今夜色，私语对青松。
林暗天无月，水沉鱼隐踪。
群荷默愁藕，野鸟欲衔蛩。
陌上归人缓，心怀最远峰。

【天河机场至首都机场T2起落观舷窗外有感】

从来循迹久，未敢向天征。
空海云涛灭，红尘块垒生。
登临秋瑟瑟，俯瞰众营营。
日迫崦嵫处，归骑白玉鲸。

注 朋友帮值机，五年来第一次靠舷窗坐，闲观云海天地，竟然失神良久。

（二）五绝

【春日过南池子大街偶感】

一日春风起，京华万物飞。
声喧随客去，手挽白云归。

【喜得友人画口占感怀】

人生常聚散，功业各兴衰。
偶得忘机友，心怀逐笑开。

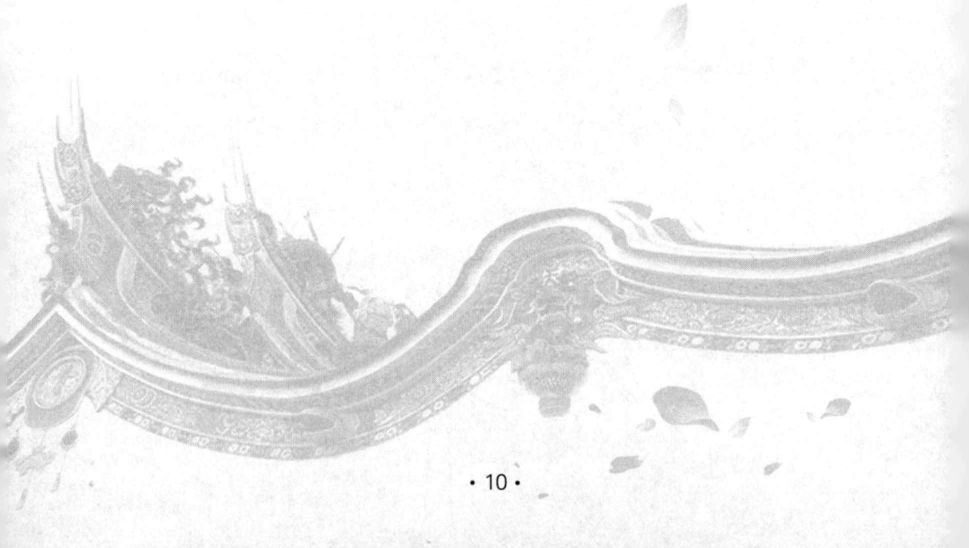

（三）五古

【雨夜醉归】

病来方惜死，酒尽始离筵。
醉里得一笑，孤衾又十年。

【藏头致中检报业25周年】

慧心传尺素，舫船载汗青。
信义传天下，泉林隐贤名。
扬帆济沧海，星河笼画屏。
荣光耀今古，龙蛇起复兴。
波涛卷不去，丽景总关情。

注 当年玩笑之作，用十个报社领导名字的最后一字作藏头。社庆25周年之际，翻出旧作修改再发一次。祝中检报业上下齐心，乘风破浪，险道难关，争渡从容。

【梅长苏】

梅泣斑斑血，林生缕缕风。
麒麟常蹑步，默默怜苍生。
谁识火寒苦，谁知赤焰名。
此身非我有，负了霓凰情。

注 致电视剧《琅琊榜》主人公梅长苏。该剧热播，引发收视热潮，一众亲友都成了麒麟才子的粉丝。作诗记之。

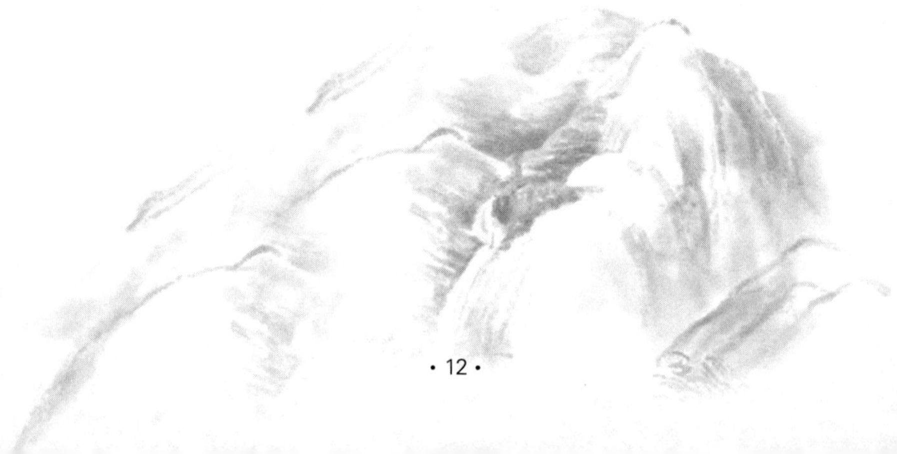

（四）七律

【宁波与建伟老师夜谈闻刑诉法修改有感】

水陌交通雪柳汀，鄞州景色自殊呈。
江湖夜雨迷前路，桃李春风慰此生。
京国佳音忽迢递，同侪热血更充盈。
斯人未老公心在，断罪吴钩颤欲鸣。

注 2018 年 4 月中旬在宁波与建伟教授夜谈，恰闻《刑事诉讼法》修改消息，传来有利于检察机关的修法利好，部分保留自侦权，满座欣然。作诗记之。

【咏刘老人村梨花】

瓣瓣梨花片片春，飘零随絮别红尘。
畦边河运成空影，林外田园居故人。
水酒一杯逐长醉，诗书三百寄天真。
满枝白素辞枝日，应是人间又满旬。

注 刘老人村，位于河北省阜城县，号称中华第一古梨园。园中万株梨树，千年传承，如霜似雪，美不胜收。

【风絮满城思梨花有感】

梨花方死灵何驻，飞絮倾城祭素魂。
春雨楼头惜柔媚，夕阳蝶翼敛温存。
大风苑外旋如猎，小院扉前雪作痕。
吹落相思多少片，谁人细数到黄昏。

【贺董坤荣膺十大杰出青年法学家】

已将书剑许明时，匹马京华信有词。
本土资源量静气，他山玉石启新知。
初心莫忘侦查路，术业专攻检史思。
青榜题名无所恃，半缘辛苦半缘痴。

注 检察理论研究所同事董坤获评第八届“全国十大杰出青年法学家”，作诗为贺。

【五月廿日阴天感怀】

近来愁病欲消磨，水米成粥涕泗多。
今夕新交皆已忘，他年旧事更如何。
青丝未雪难堪老，霜刃犹寒竟烂柯。
且抱清风与明月，便回嗯嗯复呵呵。

【夏日候车时有感】

人间俗事待如何，浮利虚名恁样多。
懒散杂工得偷憩，殷勤行客似驱鹅。
近来颠倒因罹病，远去湖山欲采荷。
交浅言深皆寂寞，不如闲唱一支歌。

【白洋淀雁翎队旧址行吟】

荷盖清圆间苇塘，湖鸥逐戏觅鱼粮。
轻摇舟楫随青鲤，闲剥莲蓬入白洋。
欲插雁翎惊敌寇，思登栈道话沧浪。
百年旧梦重相忆，淀泊深深荷骨香。

注 雁翎，指白洋淀抗日武装雁翎队，队员在火枪点火口插雁翎防水，因而得名。栈道，指白洋淀中的栈道桥，直通苇塘深处。

【高铁返京车上作三首】

高铁隆隆困正浓，咽中生火腿生疼。
白云二朵飘窗外，一朵清纯一朵萌。

高铁隆隆困正浓，手机没电觉没成。
眼前青绿层层过，只怕京城满热风。

高铁隆隆困正浓，一声盒饭引馋虫。
到家还有时辰久，且慢减肥中不中？

注 当代诗词流派中，有口语化诗词的主张。仿效口语诗，用网络语入诗，游戏之作，也别有一番趣味。用新韵。

【春分无题】

春分夜色月如钩，点点轻霜漫九州。
执手应知共谁老，搔头不语伴君愁。
横翻书页禅思散，斜倚楼台诗意收。
李杜苏黄浑不够，伤心小句费搜求。

【致《阳光下的法庭》女主人公白雪梅】

一剪寒梅傲雪开，春光万丈自卿来。
千难万险谁言怕，软叶柔枝自拒霾。
岂要人夸颜色好，任凭物议纵横猜。
经霜铁骨今犹在，共扫乾坤万里埃。

注 最高人民法院影视中心出品法治大剧《阳光下的法庭》，我有幸受邀参加自媒体审片会，结识了新朋友，更先睹为快了非删节版的剧集。喜欢剧中人物白雪梅，颜丙燕饰演，作诗记之。用新韵。

【暮春阴天午后游颐和园】

久慕鱼凫访夏宫，湖青山黛绿相同。
汀芦摇破龙鳞碎，丝柳垂低钓线空。
走马观花缘落日，行舟逆水赖乘风。
长堤浪近长桥远，满目舒苏更未穷。

注“夏宫”，即颐和园，“summer palace”之谓。

【夜行寻食得句】

春夜鲈鱼待酒烹，红红白白两分明。
扶头窃笑芳樽浅，放胆胡言海碗呈。
食客开怀齐纵意，店家陪笑欲沽名。
人生几度街头醉，忘却营营向远行。

【悼野草诗社首任社长萧军】

白山黑水育斯人，戎马纵横诗笔沉。
八月峥嵘铭史册，二萧缱绻铸情心。
铁肩道义迎风立，妙手文章对月吟。
卅载别尘魂未远，离离野草竟成林。

注“八月”，意指萧军作品《八月的乡村》；“野草”句喻指野草诗社继往开来，欣欣向荣。

【大风夜对月感怀】

月刃孤悬万物寒，丝丝寸寸斩秋残。
长风荡荡追南雁，曲水悠悠入北峦。
争忍情心凭泪染，须将憾事对云抟。
瑶琴未碎初心碎，年复年来乱乱弹。

【岁尾怀远人】

朝来暮去又今宵，草也成黄梦也凋。
萧索半生图半醉，凄迷长夜踏长桥。
相思红叶应承泪，独枕湘江莫听潮。
何事年年催燕子，千山瀚海忍飘摇。

注 思念爱妻之作。两地分居，每年寒暑假妻子都要赴京与我相会，固然盼望相聚，又担忧其旅途奔波，更有难言的分离之苦，无法言说。

【黔中行吟】

方入黔中悔缺衣，霏霏细雨共山低。
夜寒独沐蛩声唱，晨暖徐行石径迷。
苇叶青青鱼弄影，白云袅袅鹭还溪。
绿松亭里渔人老，风满荷塘草满堤。

注 出差贵阳，报道贵州检察机关的智慧检务工作，深感“爽爽的贵阳”气候凉爽宜人。下午与友人绕观山湖长走，作诗记之。

【鸡西行吟】

半访湖光半访奇，随风一夜入鸡西。
青山顶上云腰懒，黄穗腮边叶颈低。
大小湄沱双叠玉，忙闲鸥鹭各鸣溪。
愿当家国无多事，并与鸳鸯枕浪栖。

注 湄沱，密山兴凯湖古称。大小兴凯湖，交叠依偎。

【近端阳杂感】

风起燕山落乳山，凄清冷月惹魂牵。
空空寂寂喑堂燕，噩噩浑浑腻柳烟。
屈子怀乡何处诉，伍员白发几人怜。
痴茶病酒双余恨，百代愚贤墓作田。

注 父母客居山东乳山，妻子远在长沙，我独居京城，端午节三地相思，作诗记之。

【雨日别湘桥返京】

遥忆文公吟瘴怨，八千路远粤东边。
韩山韩水鸿儒祭，江雨江风四月天。
湘子桥头能不忘，饶公馆里好成眠。
回甘一碗清欢味，方解因缘是善缘。

注 文公：韩愈，谥号“文公”，故称文公。韩山韩水：潮州有以韩愈之姓氏命名的韩山与韩江。湘子桥：又名广济桥，上有民不能忘牌坊。饶公：饶宗颐，国学大师，与季羡林齐名，人称“南饶北季”。

【咏菊诗】

也入茶经也入诗，东篱未采露还滋。
暗香浮动纤纤影，嫩蕊横垂浅浅痴。
舒卷无心非自在，红黄纵意累相知。
年年乞得修缘见，岁岁秋寒拜月时。

【咏长春之雪】

吹彻朔风落雪沙，晶光耀烁玉挼渣。
芒芒箭箭扑人面，点点星星结素花。
呵手难温双腋暖，旋身顿觉两肱麻。
缤纷世界归宁寂，大地无垠不见家。

注 长春大雪后，人人有义务上街扫雪。大学本科一年级，第一次和同学们上街扫雪时，冻得面红耳赤、双臂酸麻，十分难忘，作诗记之。

【贺读库再出发峰会】

立心法治已多年，净土一方堪聚贤。
兄赵多情常谑笑，库头有爱总发钱。
美人婉转邀一醉，才子激昂抒万言。
史笔如椽书我辈，洪音鞺鞳记斯年。

注 法律读库，法律自媒体公众号的“带头大哥”，恰逢公号五周年，众新媒体知名人士相聚天同律师事务所小院，参加“法律读库再出发”峰会，共议法律新媒体未来发展。读库的创办者赵志刚先生，人称“库头”，自称“兄赵”，领袖法律新媒体江湖。“库头”为人豪爽幽默，得到法律圈众多知名人士一致拥戴。此次峰会，有幸参加并发言，作诗记之。

【赠贾茂林】

不惑之年忆此生，曾眠朗月醉春亭。
少时学理心思细，老大为文意气盈。
案牍劳形耽美眷，公门来往愧亲情。
今朝且把一尊酒，坐论高朋天色暝。

【咏菊花】

非是君心爱菊花，金风十月落芳华。
柔丝嫩瓣难挼碎，姹紫嫣红易萎斜。
陶令戚然怜不遇，坡仙醉矣赞多嘉。
伤心自古悲秋意，惨淡诗声第一家。

注 应云居寺诗社咏菊诗会而作。

【夏至夜喧嚣有感】

春归夏至热如斯，尝口清汤汗已滋。
撸串街边齐滚沸，贪凉树下各迷痴。
黑猫蹑步花前过，白蝠翔空月下追。
莫学老头摇旧扇，且随小狗尿新枝。

【朝游潭柘寺过竹林有感】

一线天光世外人，铜钟石鼓渡红尘。
八千里路相思客，四十年来无用身。
大日煌煌犹似夏，薄阴浅浅又回春。
山中岁月崎岖道，乱我禅心笑与颦。

（五）七绝

【题“红枫獬豸诗章”】

红叶题诗墨泪潸，青铜铸法万民安。
暂将案牍留明日，且取闲词对月观。

注 法律人诗社的社徽为“红枫獬豸诗章”，徽章制作完成后，题诗为记。

【明月小吟】

圆月光寒弦月残，人间明月似银丸。
三杯浊酒双行泪，射碎愁心这一团。

【步萧萧兄韵贺紫筱生日】

紫篁摇雾映春波，筱菊凌风对月歌。
两处芳华何取舍，春华秋实一般多。

注 诗人紫筱姐姐生日，众诗友作诗为贺。我也献丑一首。

【戏赠小明哥哥】

一张白纸兰心宇，二十年来未涂鸦。
今日错逢娇娘面，床头辗转梦摧花。

注 致友人的游戏之作。友人姓梁，男儿身，古姓拔列兰，其笔名兰心宇。因笔名女性化色彩重，朋友间多有调笑。思虑再三，纳入本集，纪念曾经的欢乐时光。

【读四十二章经】

为恶不可害贤人，毁贤祸己远沙门。
唾不至天从己堕，逆风扬尘还坌身。

【笑和建伟教授韵评阳光法庭剧集】

素手纤纤握法槌，庭长教授紧跟随。
羹汤本是男人事，女王大人御驾回。

注 电视剧《阳光下的法庭》热播，最高人民法院影视中心曾邀我参加媒体审片会，提前观看了剧集。很是喜欢其中白雪梅的角色，步张建伟教授评该剧诗之原韵，作诗一首，戏谑之余，权作点赞。

【无题】

飞雪斑斑剥落花，春风瑟瑟忍寒鸦。
琉璃影下寻章客，一瞬芳华万载沙。

【咏红月】

一轮红月几痴心，万古阴晴直到今。
听遍合欢多少愿，长生殿里有余音。

注 红月当空，异象千载难逢，众诗友纷纷作诗歌咏。我亦作诗三首记之。

【咏红月】之二

一轮红月几痴心，挼碎流光悔到今。
沧海浮桴追旧梦，朝云一去戒琴音。

【独夜咏梅】

人间最苦是红梅，赤焰焚身带火开。
浊世如炉人似炭，烧出一树病霞来。

【无题】

绿绦亭下暑风轻，雀舞蝉鸣燥碧穹。
斜倚阑干人不寐，闲情偶得复无踪。

【步诗友韵情人节偶感】

一念相思忆见初，春城微雨落青庐。
笙歌那畔谁同去，空倚阑干自不如。

【“到底人间最自由”续诗游戏六首】

无题一

到底人间最自由，几人劳碌几人休。
金身泥塑龛中坐，衮衮诸公正叩头。

无题二

到底人间最自由，枝新树老更风流。
青丝怨侣白头伴，莫笑当年一段愁。

无题三

到底人间最自由，迢迢河汉立牵牛。
天生一个痴心汉，赚得仙娥万古愁。

无题四

到底人间最自由，寒炊冷盏厌梳头。
经年独倚临屏笑，几个宅男去复留。

无题五

到底人间最自由，红颜烈马莫淹留。
山河处处应长醉，草莽诗笺第一流。

无题六

到底人间最自由，爷们吃饱便周游。
蹇驴瘦马南山放，尿入长江酒入喉。

注 友人作诗，爱其文尾金句“到底人间最自由”，以此句开头，续诗六首。

（六）七古

【七古·送锦弟归闽】

光阴流水逝匆匆，几多知己觅无踪。
寄语梁汾托性命，唱酬元九开新宗。
既归八闽全忠孝，俾守京畿慎始终。
临别嘱弟加餐饭，功名看淡烦恼空。

【七古·欲语锦弟不得见】

午后闲游谈笑久，夜半同归车马稀。
今逢乐事呼陈锦，忽记兄弟早别离。
山风裹来红叶碎，海雨洗去淄尘泥。
朝朝暮暮归平淡，冷冷清清误心期。

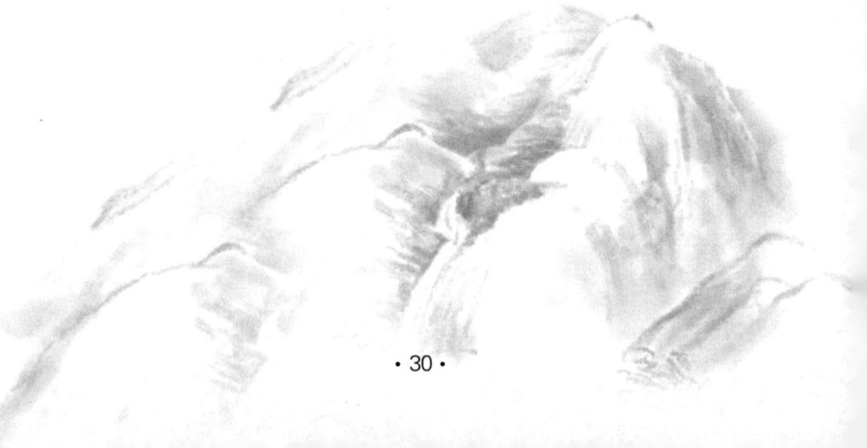

【七古·咏足球】

前锋后卫蝴蝶翩，汗水淋漓落腮边。
门将眼前黑白色，绿茵场上生死团。
神州复兴国运壮，世界争雄球梦残。
我辈男儿齐努力，自得金杯胜日韩。

注 笔者非球迷，与朋友游戏之作。

【七古·游南锣鼓巷西侧玉河公园】

胡同朝西玉河东，自在垂柳快哉风。
我带胖胖随心逛，一块鸡排茶两盅。

注 胖胖，系我对妻子苹老师的昵称。玉河公园，在北京南锣鼓巷的西侧，小桥流水，杨柳拂风，游人稀少，十分适合两人夜晚散步。

【七古・咏灰律】

江湖有缘七星聚，河汉无情各分离。
帝苑玉菡兼才貌，闽江锦王叹希夷。
书童妙语常伴笑，小轴漫画总称奇。
粗检文章群氓恐，晋言诗词亲友迷。
楚楚迎来兰心宇，多情难辨是雄雌。

注 游戏之作。七个好友，共建“灰”群。以古诗咏之，兼纪友谊。咏灰律，谐音大唐“永徽律”，喻示七友人的法律职业身份。

【七古・秋日行】

村名黄叶藏秋意，远近湖山浅浅青。
身后芦花妆倩女，枝头红柿累园丁。
半游菊圃夕阳坠，遍数石榴津液生。
最爱横行披甲客，鲜姜老醋妙人烹。
新诗旧韵哓哓论，玉瓣金膏淬指腥。
槛外浮云随夜永，去年心事有谁听。

注 云居寺诗友聚会分韵作诗，得青字。

【七古·北京大雪自庆生】

西风送雪压竹弯，冰封碧绿垂钓竿。
冻雨侵人冬日至，三十五年又翻篇。

【七古·藏头致林兄】

林鸟哕哕鸣初晨，兄弟惜别南北分。
再语东君诚祈愿，会借东风话微醺。

【七古·藏头致郑兄】

别日戚戚总来急，兄友殷勤问归期。
辰星寥落风为伴，昱昱照夜迎晨曦。

【七古·金庸群侠谱】

题记：自初中时代偶遇金庸，一发不可收拾，半生欢喜忧愁付与“飞雪连天射白鹿，笑书神侠倚碧鸳”。模仿红楼十二钗的判词形式，偶尔动笔写写书中人物的打油诗，算是金庸群侠谱判词吧。致敬少年时代的武侠梦，供同好者一笑。用新韵。

【射雕英雄传 · 五绝篇】

黄药师

桃花影落飞神剑，碧海潮生按玉箫。
弹指惊雷群邪辟，闻名丧胆腐儒逃。
独尊东海称岛主，青袍僵面百艺高。
今生有悔常怀疚，阿蘅背经累魂销。

欧阳锋

蛤蟆神功秘相传，西域共仰白驼山。
铁铮能发摧心曲，怪杖久有双蛇盘。
名列五绝难称意，逆练九阴竟成癫。
西岳峰头恩怨了，毒道宗师笑九泉。

一灯大师

抛却江山南诏国，甘奉青灯伴古佛。
渔樵耕读常随侍，庙堂江湖恩怨多。
曾因痴武瑛娥恼，半缘羞妒任夭折。
自古情关谁勘破，苦果八万四千颗。

洪七公

久掌丐帮驱异族，污衣净衣皆拜服。
断指自省擎侠义，饕餮成瘾偷御厨。
飞龙在天察奸佞，路遇恶犬一棒除。
白髯换尽青髭鬓，逍遥在心酒在壶。

王重阳

志驱鞑虏复金瓯，虚度人生几十秋。
归隐终南活死墓，枉教朝英等白头。
功参造化先天法，剑纳天罡北斗收。
赢得虚名传大教，输却红颜似海愁。

【神雕侠侣·邪道篇】

李莫愁

古墓门徒静修行，心湖乍乱意难平。
血掌灭门堕魔道，悲歌复念陆郎名。
拂尘了断生死债，冰魄消得恩怨凭。
火海焚身仰天笑，泪抱情花赴幽冥。

公孙止

茹素静修居幽谷，刀剑双杀号绝情。
古井无波尘心远，却为柳妹复系萦。
鳄鱼潭里千尺恨，红烛宴上百客惊。
杀妻灭女人不齿，眇目横死留骂名。

金轮法王

五金铸成法轮转，龙象护持般若功。
可汗亲奉国师位，法王久享世尊荣。
佛威欲压英雄会，双拳怎敌五绝攻。
百丈高台禅心裂，一世修行转头空。

裘千仞

掌如铁铸追魂命，身似芦花水上漂。
当年抗金草莽士，沦落蛮王殿前枭。
卖国求荣忠义丧，凶名并与骂名高。
危崖悟道迷途返，黑龙潭畔百业消。

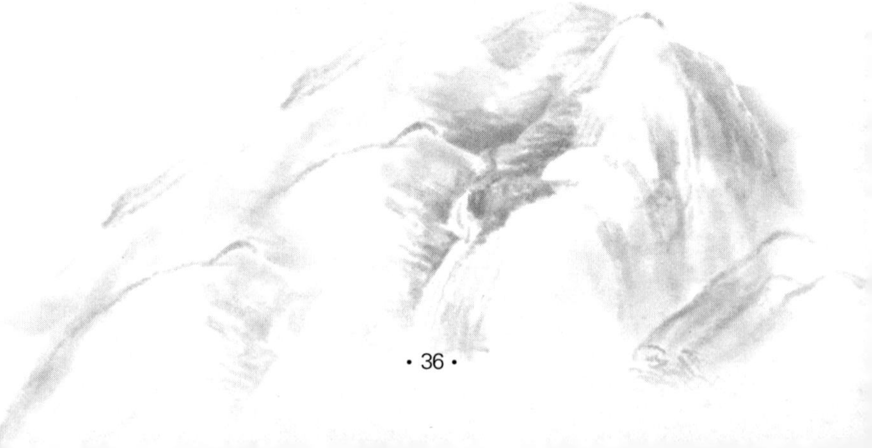

【神雕侠侣·百花篇】

公孙绿萼

先祖避乱入桃源，箬笠钩网累红颜。
多情公子惜花殁，不解花旁萼叶鲜。
为君一顾今生误，为君一笑情路艰。
逆父骗母抛性命，盗丹救侬续华年。

陆无双

风摆荷叶仙姿动，雨打芭蕉笑语连。
刀舞寒光无双月，掌劈疾电霹雳弦。
性烈最仇忘恩辈，快语常发肺腑言。
可恨苍天多戏弄，一生凄苦惹人怜。

程　英

竹箫常寄清心曲，瑶琴久奏闻韶音。
即见君子胡不喜，奈何君心属他人。
为君缝得袍与带，情意空付线与针。
兄妹结义此心碎，黯然销魂厌红尘。

郭　襄

初生襁褓多磨难，如花少女笑靥甜。
风陵夜渡闻侠义，黑沼凌波共闲谈。
襄阳寿礼惊天下，三枚金针许情缘。
青驴难觅君归处，坐忘峨眉默参禅。

【倚天屠龙记·百花篇】

小　昭

圣火飞腾焚此躯，月光如水女儿心。
富贵尊荣皆一梦，国祚兴衰岂无因。
盗经何须亲骨肉，兴邦安赖女儿身?
此去波斯万里路，夜夜垂泪应念君。

赵　敏

窈窕常做须眉妆，纵意草莽志安邦。
捉拿乾坤眉飞剑，挥斥群雄唇似枪。
聪敏慧黠逞心计，任性刁蛮好争强。
一朝玉足遭君戏，江山做嫁付檀郎。

周芷若

岸芷汀兰素钗裙，小舟轻桨守清贫。
素心柔善天生就，肌骨仙姿自出尘。
九阴白骨伤旧爱，摧心魔掌断前恩。
儿女江湖春梦碎，绮窗重访画眉人。

纪晓芙

清水芙蓉玉作魂，销魂一夜失此身。
荒唐自是前尘事，不悔方知女儿心。
佛缘难比情缘重，梨花莫若杨花亲。
正邪无关风与月，坐忘昆仑系良人。

二、“词媚”篇

（一）浣溪沙

【浣溪沙·年终病愈感怀】

岁近中年病近疴，荼靡人事两蹉跎。
菱花鉴冷照颜酡。

自古高贤非造就，从今小隶是消磨。
黄州词里老东坡。

【浣溪沙·无名山阴湖岸漫步杂感】

风剪席云树剪阳，青山寂寞似眉长。
蛙声连陌锁湖光。

摇摆秋千空瑟瑟，婆娑芦苇映煌煌。
留春几日记微凉？

注 丰台检察组织在怀柔培训新媒体，我受邀讲课，午休时于无名湖岸边散步得句。

【浣溪沙·雨夜吟】

急雨敲窗梦不成，檐头滴碎是嘤咛。
伊人梦里有无晴？

太息一声何碌碌，回肠九转亦兢兢。
相思了断短长亭。

注 雨夜送别友人南归得句。

【浣溪沙·与友人餐后抱病有感】

荷泣湖心藕断肠，腥波腻草妒茶香。
闲人怪趣短诗行。

春鸟相衔穿浩宇，残冰留迹渍山墙。
十年辜负是斜阳。

注 与友人小聚，饮茶至醉，抱病有感。

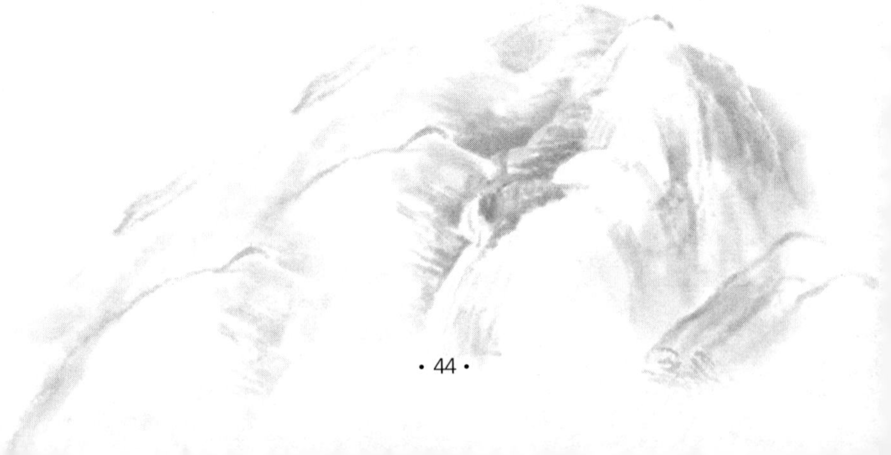

【浣溪沙·元夕】

莫饮樽前琥珀光，红霞涨落便留香。
闲愁十万入壶觞。

抬眼未识深院月，低眉轻嗅满庭芳。
去年飞燕可还乡？

注 与友人小聚，品尝私酿黄酒，微醺得句。

【浣溪沙·雨别长沙返京】

欲别潇湘雨锁帘，青青樟叶对花眠。
相思气味几人怜。

罢却芳尊筹故友，携来小馔庆新年。
寒江冷月两修缘。

注 春节后离湘返京，依依不舍，作诗记之。

【浣溪沙·乌镇】

碧水浮来橹棹声，蓬莱旧客踏波行。
余金一缕碎青萍。

玉宇流云挥素锦，人间落月化河灯。
半窗晦暗半窗明。

注 夜游乌镇，河边观落日余晖，美不胜收，作词记之。

【浣溪沙·七夕】

半惹相思半惹愁，相思百转卷眉头。
那堪淡月瘦如钩。

杳渺天河多少泪，凄寒玉宇几重楼。
痴情自古总无由。

注 七夕孤旅东南，以小词一首，遥寄燕京。

【浣溪沙·小楼】

恋栈红尘爱小楼，庭前院后赏清幽。
勤蝉倦鸟赛歌喉。

漫卷诗书闲打坐，懒提襟袖紧抽球。
三生愿许共清秋。

注 周末闲居父母家，一楼小院遍植花草，篱笆内侧有一圈丈许长的竹子，投影在家中墙壁上，竹影婆娑，令人迷醉。

【浣溪沙·秋风有感】

一夜秋风落紫桐，菱花照面理妆容。
萋萋黄叶覆残红。

寒雁踯躅情羁绊，孤鸿缥缈意怔忡。
离愁正是满肠衷。

注 初秋，苹老师南归长沙，心生牵绊，作诗记之。用新韵。

【浣溪沙·离情】

愈染相思愈影单，潇湘千里送青鸾。
凄凄独上九重天。

晨日清寒心晦暗，晚街萧索客流连。
瑶台此去又经年。

注 送别苹老师南归。车站别后，一人独归，清晨街道上清冷无人，翻起万千思绪，作诗记之。

【浣溪沙·别南昌故友】

月隐星沉访赣江，天光黯淡别南昌。
飞鸿影去负春光。

故友匆匆成会晤，愁心点点满舷舱。
白云尽处是何乡。

注 出差南昌，与大学时代的好友短短相聚，欢喜非常。坐上回京的飞机，脑海里仍是相聚场面，作诗记之。

【浣溪沙·刑】

满目寒烟乱晓晴，秋风秋雨似秋刑。
离人心上判余生。

蚀骨孤凉随夜返，销魂乏闷遇天明。
些微琐事复相萦。

注 法律人诗社的同题诗题目，有感于秋天肃杀，故以刑为题，描写秋天。

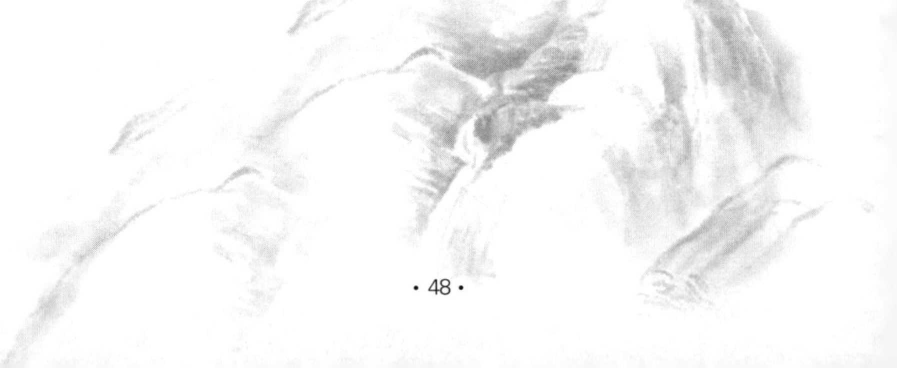

【浣溪沙·清明】

解了相思未解愁，潸潸点点绕烟楼。
极穿苦雨验清眸。

京国风花应暂歇，知交意气作潜留。
难眠此夜总无由。

【浣溪沙·秋雨日会林使君有感】

相忘江湖梦几重，君应有语问征鸿。
离人相许雁相从。

秋雨斑斑魂带泪，秋风凛凛叶啼红。
故人薄酒又相逢。

【浣溪沙·再别湘君】

寒锁潇湘带雨归，星星点点满窗堆。
春神有泪为谁飞。

樟叶悬枝思柳叶，山溪解冻望梅溪。
梁间燕语话依稀。

【浣溪沙·步韵和剑文师姐】

解冻东风曼舞兰，人间正月最堪馋。
银锅滚沸箸轻寒。

试水鸭雏围战阵，穿枝燕子拨惊弦。
卧尝老友煮鱼丸。

【浣溪沙·风夜独归】

寒作飞镰冷若钩，横穿肺腑泪难收。
风中行路似行舟。

嚎啸声声倾浩宇，霜霾阵阵锁重楼。
人生失意是冬秋。

【浣溪沙·湘南东江湖行吟】

其一

薄雾轻岚剪剪风，轻车载笑过桥东。
湘南浅浅与秋逢。

竹影临江澄透碧，波光引蝶觅芳踪。
小舟摇曳入天宫。

其二

露挽竹枝叶挽风，一江凝碧锁湖东。
惹来秋雨妒相逢。

烟火熏成仙馔味，渔歌唱断越人踪。
伏波闯入水晶宫。

【浣溪沙·教师节致王老师】

未理禅心未炼神，空吟愁病自蒙尘。
黉门旧事可销魂。

却近中年肥满肚，方明小爱念归真。
一杯枸杞养吾身。

【浣溪沙·秋夜游】

半日偷闲半日摧，梧桐郡里效于飞。
黄粱醒处玉成灰。

今日清秋何所苦，昨宵寒露斩余菲。
小园寂静一人归。

【浣溪沙·银川行吟】

其一　夜行吟

一骑单车一手机，熏风逐我掠池堤。
夕阳渐去柳无依。

佳客独行温旧梦，报人相伴话新题。
贺兰山路夜迷离。

其二　日行吟

未得禅机得忘机，流光绿水淬秋堤。
晨阳冉冉柳依依。

石兽遥遥听政议，蓝衫济济破文题。
秋风塞上忆君离。

【浣溪沙·黑河行吟】

万里云山万里风，龙江鳞镜锁长空。
凭阑心事寄长东。

日暖流光梳碧草，人闲低语访青松。
夕阳回首落霞红。

【浣溪沙·别黑河】

车自辚辚马自鸣，匆匆夜别向南行。
衣轻露重几寒星。

未起牢骚肠险断，数辞樽酒气难凝。
他乡故事我传情。

【浣溪沙·近端阳】

风起燕山落乳山，凄清冷月伴椿萱。
空空寂寂念生烟。

屈子怀乡何处诉，伍员白发几人怜。
痴茶病酒笑愚贤。

【摊破浣溪沙·送肖社长中扬履新】

只笔如椽世无双，公文锦绣耀华光。
半生勤勉谁得似？鬓如霜。

指绕云烟算无疆，四围乾坤笑争强。
百零八张牌听令？看中扬！

注 肖中扬社长履新，调寄摊破浣溪沙以送别。半师半友，既敬且佩，能与结识，今生乐事。此去经年，料是江湖两忘，以词记之，念念如昨。

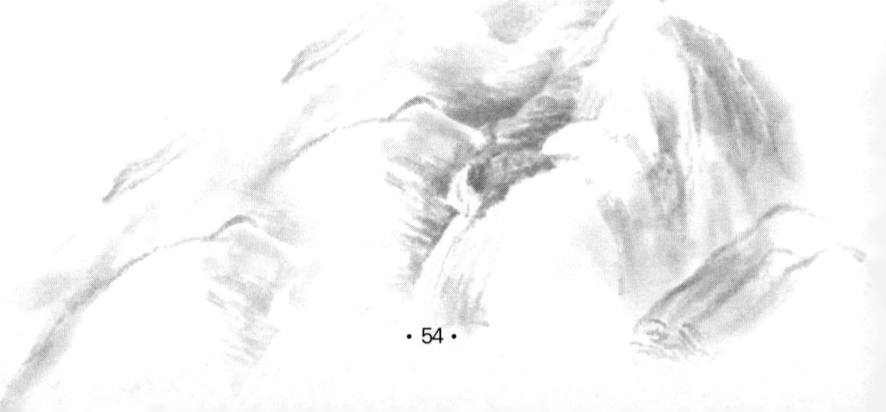

（二）鹧鸪天

【鹧鸪天·雨后游中华第一梨园】

千顷梨花陌上摧，倏来风雨泣春归。
自留清味酬君顾，未效残樱作雪飞。

红蕊褪，碧虬垂，同行同笑亦同悲。
他年树下伤春客，踏遍芳丛又与谁？

注 清明后游阜城县刘老人村中华第一梨园，雨后梨花半落，百年虬枝欲飞，同行诗友游兴更盛。4月14日，法律人诗社于此中华诗词之乡举办“梨花诗会”，幸甚至哉，以诗记之。

【鹧鸪天·南太行行吟】二首

其一

雨也星星雾也飞，太行绝壁力崩摧。
十三勇士开仙路，百万游人入翠微。

溪浅浅，瀑巍巍，云岚袅袅任风吹。
黑龙涌啸惊鱼潜，山鸟鸣啼问客归。

其二

雨也丝丝雾也堆，太行南麓耸奇危。
汉时郭亮从容遁，元末申公自在炊。

山百仞，水千洄，青峰斩破路横垂。
南坪客馆熙熙去，崖上人家缓缓归。

注 雨中登南太行郭亮村，雾气蒙蒙，游人如织。余与同侪攀爬郭亮村以一村之力开凿的挂壁公路，直上山巅崖上人家，深为震撼，作诗记之。

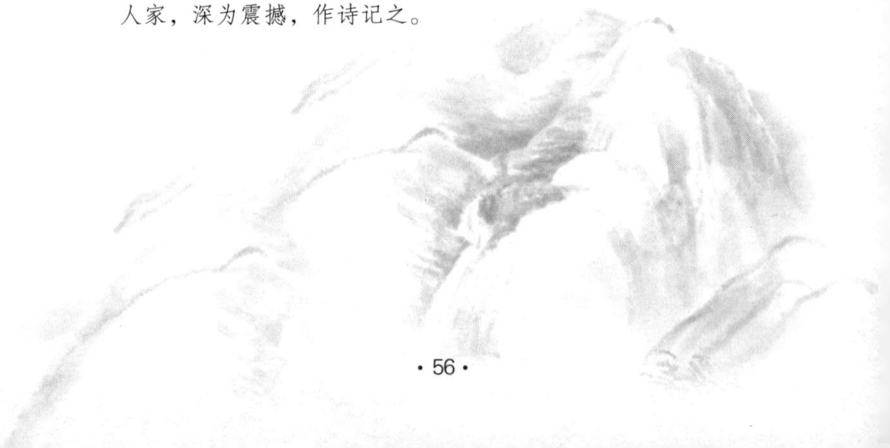

【鹧鸪天·武汉东湖行吟】

远隐青山近隐庐，云阴渺渺鉴东湖。
纤荷花骨随波逝，曲径幽人入画无？

身未倦，汗先濡。梧桐半老欲萧疏。
浮萍心事风弹乱，料得重游定不如。

【鹧鸪天·中秋咏月寄情】

月照心湖柳色幽，满园草木叹良秋。
大千世界银辉散，百姓离思对酒休。

篁影乱，笛声悠，南归燕子莫怀忧。
西风起落年年是，檐下春巢岁岁留。

【鹧鸪天·致检察机关恢复重建四十周年】

豆绿湖蓝总为民，兢兢业业最称勤。
八方办案监督事，四秩开新护法人。

听狱讼，定争纷，师徒帮带火传薪。
今生莫问名和利，敢鉴人间伪与真。

注 2018 年恰逢检察机关恢复重建 40 周年，谨以此小诗，致敬前辈。

【鹧鸪天·赠友人】

捻断情丝苦自知，情思黯黯久成诗。
丝丝抽尽缠绵意，字字抛成决绝词。

花弄影，月衔枝，阑干独倚起相思。
相思一缕归何处，游遍天涯有竟时。

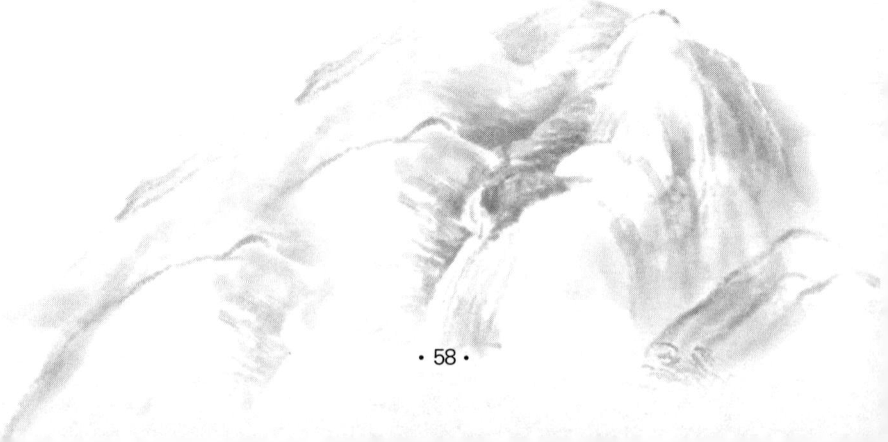

【鹧鸪天·闻内子病牵怀遥寄】

万绪千头沓沓来，潇湘冷暖费疑猜。
斜光入户斑斑影，苦恙凌身点点哀。

尘掩月，泪横腮，何当结伴复寻斋。
莫愁花事随春过，留待清芬五月槐。

【鹧鸪天·唐山秋夜】

霜月初凉透碧窗，小楼一夜枕湖光。
滴滴寒露沾丝柳，缕缕曛阳掩簇篁。

云儿淡，鸟儿双，心思缱绻忽怀乡。
风尘契阔独行客，默数归途又一庄。

【鹧鸪天·重阳】

一树深红间浅黄，红黄入眼画重阳。
山知云倦伏寒露，情怯鸿归远榭堂。

南国女，北疆郎，十年缱绻泪成行。
问心应道终无悔，只是今生愧爷娘。

【鹧鸪天·送陈锦归闽有感】

头枕斜阳独自归，相思半敛半纷飞。
离愁浅浅难由己，醉意浓浓易负谁？

鸿杳杳，语迟迟，此心此意欲成颓。
倚窗慵觅青鸾迹，听断西风咽翠微。

【鹧鸪天·山西检察官学院】

百亩田园绿满窗，兹将暑气换春光。
池塘水浅蜉蝣界，杨树枝高燕子乡。

风寂寂，月沧沧，喧声未散问良方。
新媒旧报何曾异，字字推敲两鬓霜。

【鹧鸪天·与沐苒庆生】

红叶辞枝诗不成，清寒初透未相逢。
犹思巧笑胭脂晕，莫忘垂竿对钓朋。

情自切，意方浓，女儿芳诞与吾重。
飞鸿千里难相就，寄首闲词共庆生。

【鹧鸪天·致友人】

寒雨横天万物残，衰颜钓叟厌湖川。
一声燕泣纤荷瘦，几缕风鸣病树禅。

心若悸，意阑珊，登楼不敢望东南。
东南雨后应无恙，水满千江碧满山。

【鹧鸪天·贺孙郎】

若个金陵最上游，无人不晓冠军侯。
孙郎看法今朝看，诗酒留名去日留。

歌百阙，饮三秋，英雄易老使人愁。
将支妙笔书功罪，把盏琼浆且润喉。

注 贺孙庆辉兄公号三周年，一首鹧鸪天聊以为薄礼遥祝。

（三）菩萨蛮

【菩萨蛮·那年毕业】

青春辜负分飞燕，重重山海归难见。
不是不相思，思人还未痴。

许谁书信绝，任尔空悲切。
何事复来煎，中年苟且眠。

【菩萨蛮·送友人归闽】

长亭极目穿秋水，送归锦弟心翻悔。
何若不相识，逢君惜太迟。

闲谈多笑语，妙论常称许。
性本厌浮华，天凉好返家。

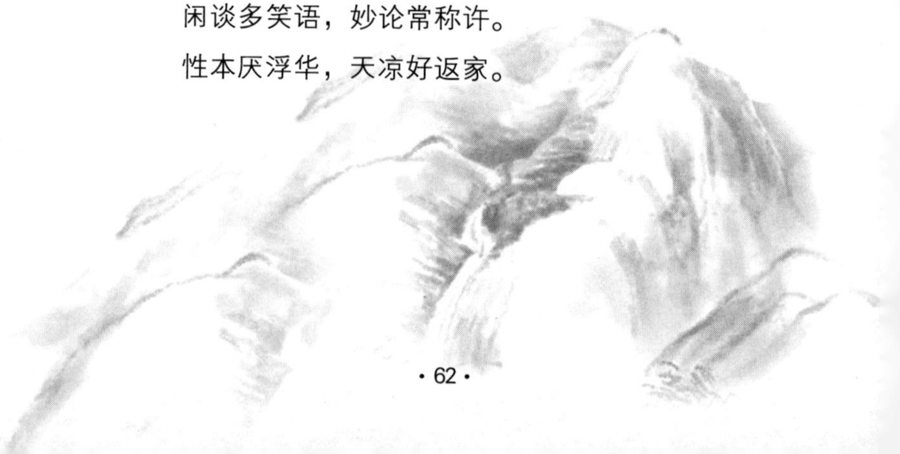

【菩萨蛮·暴雨秋寒】

声声雨碎穿竹叶，东风正换西风烈。
南园半萧萧，石榴格外娇。

红花垂未语，绿叶昂方举。
暴雨洗河山，离人应畏寒。

注 用新韵。

【菩萨蛮·沾衣】

沾衣微雨归人缓，谁言沐雨斜撑伞。
日暖觅春光，寻荫怯烈阳。

东风歌几度，闭户辞风入。
卿语羡鸳鸯，红裳迟未妆。

注 翻译作品，后附原诗。

You say that you love rain,
but you open your umbrella when it rains...
You say that you love the sun,
but you find a shadow spot when the sun shines...
You say that you love the wind,
but you close your windows when wind blows...
This is why I am afraid,
you say that you love me too...

（四）小重山

【小重山·蝉声躁】

秋气初生未转凉。
蝉声惊躁起，夏难长。
蜗居小憩偶临窗。
遥相望，浓绿掩初黄。

辛苦稻和粱。
十年耕字句，不成章。
得闲何日莫匆忙?
寻思是，双鬓染秋霜。

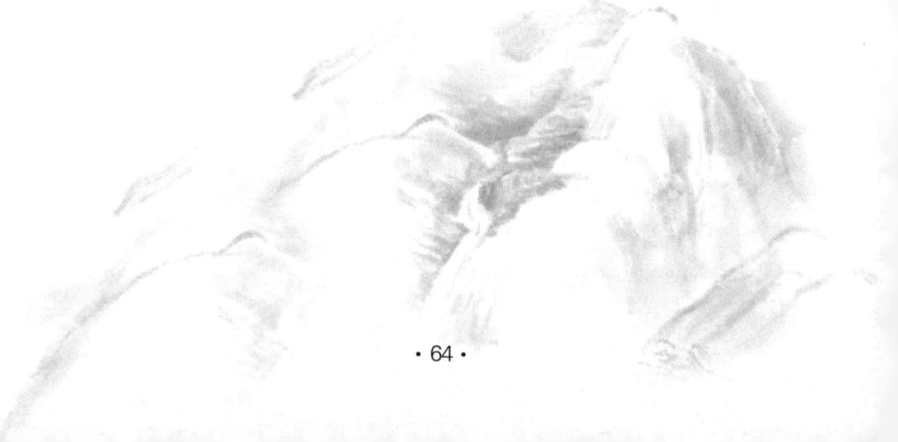

【小重山·携来旧友会新朋】

新友携来会旧朋。
文章千古妙，血书成。
引杯畅意庆相逢。
酒酣处，踏月小皇城。

任侠恨不平。
言辞胜斧钺，五洲倾。
庙堂草莽尽闻名。
非所愿，惟道莫相轻。

注 法律自媒体知名人士“CU检说法”创始人“粗检”初次来京，诸友人共聚尽欢，作诗记之。

（五）西江月

【西江月·离思】

半载倏然梦醒，沾巾常伴秋云。
离人千古永伤心。几个因愁作病？

南北香山露重，闽江左右花新。
江山万里怎相亲？对月思君注定。

注 用朱敦儒西江月韵。

【西江月·长沙家宴】

燕北霜花覆草，湘江冷月出云。
姻缘千里为思君。情定长沙一郡。

风煦抚平波皱，光柔点缀卿裙。
百年连理孝双亲。盟白头应笑允。

注 父母与岳父母首次相聚长沙，简单邀请亲人家宴小聚。千里相隔，见面难得，作词记之。

【西江月·长苏歌】

景琰霓凰小殊，靖王郡主长苏。
十年空守泪成珠，竟是相思刻骨。

银甲黯换儒冠，稚子敢作凶屠。
万里江山万里枯，若个乾坤谁主?

注 电视剧《琅琊榜》热播，作词西江月记之。多有不合格律之处，应剧中情节而作，故未改。

【西江月·刘有道】

荆楚公门俊秀，常兼苦累劳工。
拈针灯下事女红，丝缕能堪家用。

非是贤妻靡费，缘由爱女病中。
何辜六载问天公?碧血未亏薄俸。

注 刘有道，一名检察官，同时也是一位伟大的父亲，六年来为了拯救患病的女儿，吃尽苦头，最潦倒时竟然到工地搬砖赚钱。后全国检察机关为其募捐，笔者筹划了相关报道，作诗记之。

【西江月·无题歌】

杂事凝眉枉锁，真心垂泪难说。
天凉寒意满城郭。又是年终岁末。

懒散难敌天命，韶华总被蹉跎。
殷勤须忌远谣诼。莫论是非功过。

注 用新韵。

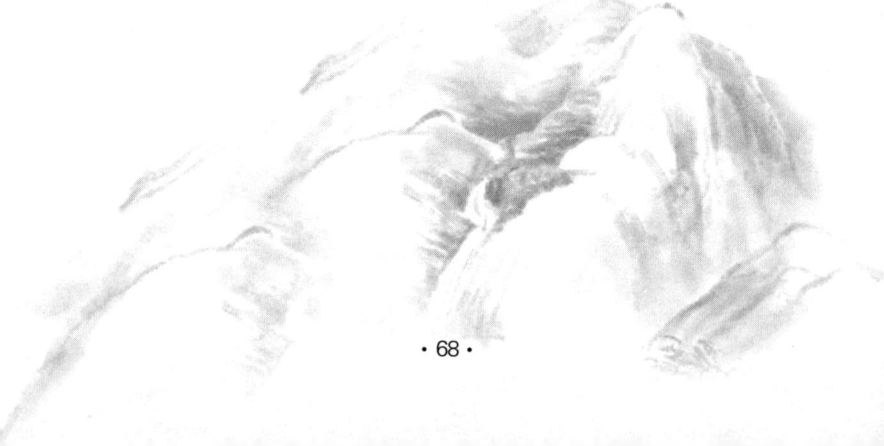

（六）眼儿媚

【眼儿媚·冬夜感怀】

长夜飕飕复幽幽，五斗米中囚。
山林半老，雄心半落，何日成游。

营营忘却天然句，俯仰自贻羞。
消磨壮志，生疏知己，应是难酬。

【眼儿媚·送别】

眉尖生倦月成愁，未语未相留。
清风良夜，钿花细枕，贪恋温柔。

飘飘荡荡魂何驻，同路忆同游。
双飞无翼，双栖无叶，不似沙鸥。

（七）鹊桥仙

【鹊桥仙·步朱淑真原韵咏怀】

独行独坐，独眠独卧，选遍长街无味。
独怜挂月总孤单，夜夜里，观人入睡。

难思难过，难宁难破，未饮樽前暗醉。
难酬却是几多年，日日念，还谁清泪。

【鹊桥仙·贺杨刚王俊莉成婚】

由来婚娶，刚柔并济，二姓合沓一好。
吹笙鼓瑟众宾盈，共忆起青春年少。

鸳盟白首，俊结伉俪，对月长情到老。
满堂儿孙绕膝行，尚道是福缘未了。

注 用新韵。

【鹊桥仙·无题】

多情余恨，无情招恼，最是他心难料。
浮桴海外断愁肠？怎抛却，家国名教。

贪嗔成咒，痴迷如执，怨偶偏来相吊。
空门遁迹得解脱？满眼是，红尘歌笑。

注 反用鹊桥仙词牌意境，无题之作。

【鹊桥仙·无题】

寒衾冷硬，痴心酸涩，默数腮边浊泪。
燎烧寂寞付谁听，独怅惘，休言憔悴。

宵衣旰食，殚精竭虑，消磨孤单年岁。
痴痴噩噩有谁怜，夜寂静，和衣成睡。

【鹊桥仙·寄语陈锦南归】

陈情感遇，锦瑟弦咽，醇酒一觥须醉。
初春时节入京城，今离去，江山失翠。

南飞北雁，归声如泣，客旅乡心鸣碎。
月圆应是替人圆，遥祝愿，蟾宫折桂。

注 朋友结束借调工作，南归家乡，藏头作词为别。

【鹊桥仙·和剑文师姐再用秦观韵】

观云蔽月，听风报雨，处暑昏昏闲度。
星河隐隐玉华凝，待照见，嗔痴无数。

烟楼如阻，寒亭似怒，彳亍幽幽归路。
遥思七夕自成悲，料别后，难堪日暮。

（八）满庭芳

【满庭芳·再别金陵】

云泛湖光，天传梅色，清风别苑流连。
自慵归去，低语寄高贤。
初歇六朝雪雨，虬枝瘦，人忘轻寒。
残阳引，金陵迹远，孤旅莫成眠。

绵绵。旋相忆，青青碧碧，缕缕团团。
纵黯销魂断，痛煞春残。
夜夜江涛入梦，谁同看，月上西弦。
愁思处，挽空襟袖，应语竟无言。

【满庭芳·立春】

方近尘窗，乍观修竹，春来人未团圆。
疾风衰草，和念总成烟。
篁影婆娑照壁，轻摇乱，碧血溅溅。
南园里，藤残叶碎，起舞拜云船。

经年。堪留恋，池鱼洗尾，宅燕停椽。
向石榴阴下，芍药花前。
空把清光消半，思难断，月入低弦。
霜华敛，千千锦素，暖暖伴风眠。

注 步周美成韵。

【满庭芳·满院西风】

满院西风，一厢竹影，堪堪割断闲愁。
默然无语，终泪醉方休。
百种温柔缱绻，油盐里，牵累风流。
同谁去，相随万里，双赴少年游。

凝眸！萧瑟处，西山雪冷，墙角梅稠。
拾前梦余欢，心事幽幽。
如是正心诚意，须茹素，几度春秋？
潇湘路，声声雁泣，尘网两相囚。

【满庭芳·江南】

寂寞江南，无忧塞北，能同几度阴晴。
小楼清冷，独坐数寒星。
巷犬声声怒吠，车船静，倦客无名。
溪桥外，归人几许，谁解个中情。

冥冥！鱼雁寄，当年种种，缕缕飘零。
任梁上余音，便绕三更。
莫叹当歌岁月，如灯灺，暗去难明。
孤衾里，十年碎梦，端的有无凭？

【满庭芳·近除夕】

缕缕彤云，曛曛暖日，朔风寒彻西楼。
倚窗斜眺，收点滴心头。
漫遣悲欢醉梦，嗔成笑，尽付春愁。
逢佳节，往来千里，愿与雁同休。

凝眸。双默语，红福壁上，翠叶身周。
任霜月泠泠，烟散风流。
浅笑深颦不见，轻回首，寻觅温柔。
燕山冷，潇湘望断，一念越神州。

（九）点绛唇

【点绛唇·几许冬残】

几许冬残，残冬瑟瑟春归缓。
槐枝慵懒，意态随云散。

望见年关，困久逍遥短。
西风乱，金销玉断，未雪声声叹。

【点绛唇·国庆霾夜独游】

满眼江山，风旗漫卷翻红浪。
独游陋巷，灯暗尘霾荡。

耳畔蛩声，寂寞空惆怅。
能相忘，眉间心上，愁去伊无恙。

【点绛唇·乌镇】

绿水如蓝，千年风雨多磨洗。
白墙乌脊，窄巷谁曾忆？

柳在桥西，摇曳别离意。
江南地，归愁迢递，去也留无计。

注 第二届检察新媒体创意大赛在浙江桐乡乌镇举行。顺道游览乌镇西栅景区，即互联网大会会址，作诗记之。用新韵。

【点绛唇·京西夜行感怀】

淡淡云飞，飞云直落西山里。
吹残凉翼，未换归人抵。

手挽残阳，莫把相思启。
凭阑寄，同欢同泣，岁岁应同忆。

注 用新韵。

（十）行香子

【行香子·秋夜感怀】

露冷星稀，街静肠饥。
任蛩声，且自凄凄。
鸿飞故影，锦绣新缡。
总几人怜，几人厌，几人迷。

慵传尺素，久忘窗鸡。
寄愁心、对月休题。
红花绿鬓，白发缁衣。
怕初相亲，再相负，又相离。

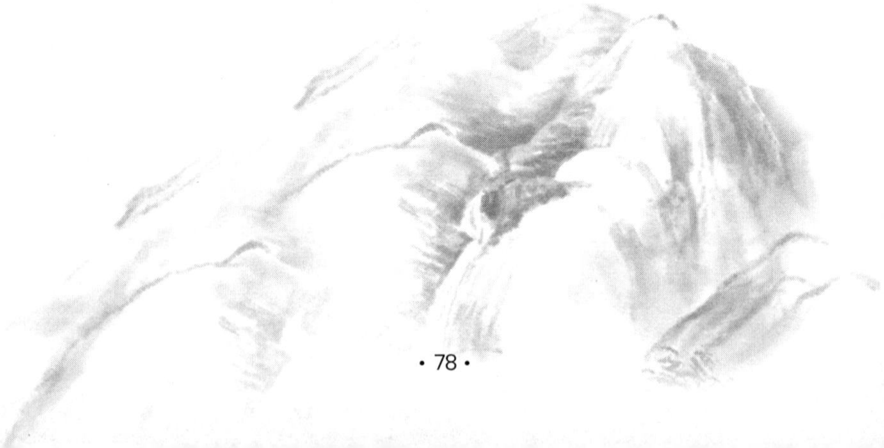

【行香子·匆匆】

太也匆匆，莫诉离衷。
挽斜阳，归去乘风。
此生多是，各奔西东。
心霎时寒，霎时暖，霎时空。

遥听泪语，久蹙眉弓。
有情痴，恨便相从。
不如沉醉，妙趣无穷。
人忽而歌，忽而泣，忽而疯。

【行香子·地震夜感怀】

月隐风宁，头重魂轻。
夜沉沉，谁宿谁行。
墙摇壁晃，欲走还停。
笑此心痴，此心惧，此心宁。

乾坤表里，皮肉神形。
望茫茫，难恃难凭。
相思相怨，前隙前盟。
共几丝缘，几丝恨，几丝情。

注 河北地震，北京有震感，居13楼顿感脚下如棉，如波涛轻轻起伏。一时间头脑空白，反应过来时，已经是五分钟之后。不由得感叹，若真是大震，普通人怕难以逃生，作诗记之。

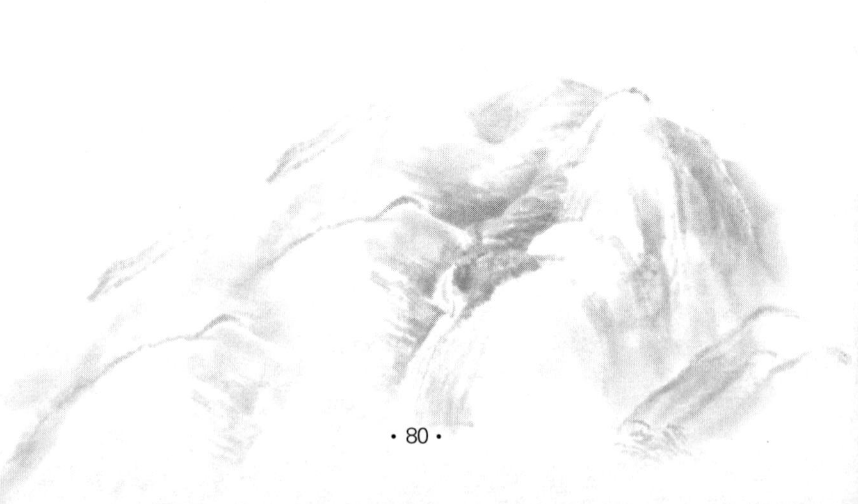

【行香子·别长春】

月小云低，林暗虫迷。
夜初凉，方宿方栖。
晏湖冷冽，菊圃萋绯。
鉴今人来，昔人去，故人归。

黉门依旧，花径成非。
问姮娥，默数盈亏。
经年缱绻，几曲欢悲。
忆雪如沙，江如练，柳如眉。

（十一）风入松

【风入松·立冬日感怀】

鱼书雁讯久无踪，睡浅梦魂空。
西山寥落灯窗暗，夜寒深，对镜怔忡。
月落枝头残叶，云栖檐角霜松。

当年莽撞索题枫，一笑两心通。
南湖雪大车尤冷，故归迟，襟袖凌风。
月照绒花生雾，云追倩影惊鸿。

【风入松·别豫返京高铁道中作寄友人】

曛阳暖暖轨声隆，林旷野无风。
人闲雀懒宜同缓，叹重逢，路阻情慵。
几斗酴醾方解，何年兄弟相从。

还京已是月临松，一念似成空。
年来辗转相思淡，寄儿孙，诗诵飞蓬。
须记朝朝行乐，莫愁岁岁归鸿。

【风入松·再访山西检察官学院有感】

南行铁马啸秋风，日暖雁无踪。
去年浓绿今犹记，夜窗寒，百亩朦胧。
脉脉瓷炉烟袅，凉凉独夜魂空。

长天何始梦何终，嗟语问晨松。
知云未远知霜渐，寄词心，哪个知侬。
多少江山佳客，和泪化作征鸿。

注 再访山西检察官学院，听闻一直钦佩的长者张知云即将退休，不见故人，心中感喟，作小词以抒怀。

（十二）临江仙

【临江仙·寒夜会友醉归】

此月人同明晦，此诗谁判云泥？
枉群贤问遍仍迷。
杯深凭酒满，夜永任星稀。

几许清欢至味，几重醉酿玄机。
望寒山顶上云低。
醺然催挚友，来也掣天梯。

注 云居寺诗友聚会分韵得“泥”字。

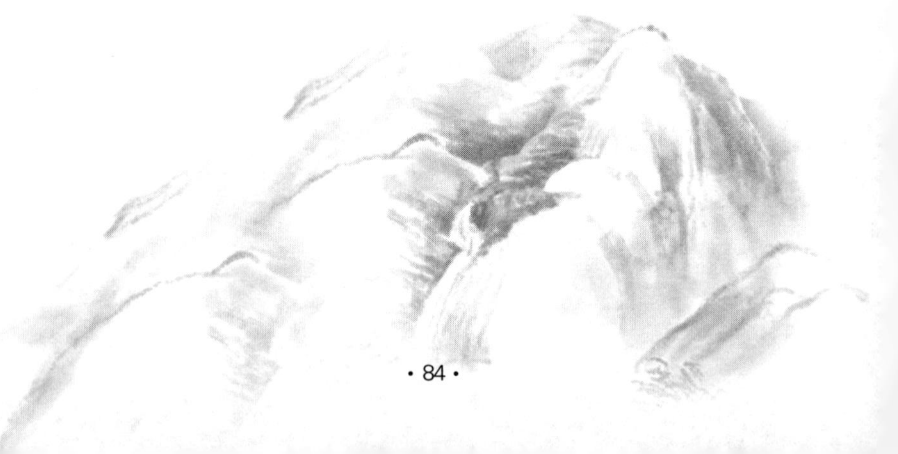

【临江仙·观敦煌花开画展】

烈烈黄沙飞似火，千年焚断风流。
斯人供养未停休。
髫龄提妙笔，甲子验霜头。

沙娜河边青韧草，此生牵绊乡愁。
花开彼岸淡回眸。
敦煌真绝响，大漠再无俦。

【临江仙·寻杜甫草堂不遇】

诗道长长长似梦，耳听万竹摇风。
徐行未觅草堂踪。
花溪观紫燕，白巷弄荧虫。

春色深深深入水，平湖碧透高穹。
青园小径月初升。
欲寻归去路，竟到草堂东。

注 成都杜甫草堂公园有一条诗歌大道，地面镌刻名家诗作，供游人步行赏读。大道两侧，有竹林茂密，竹叶随风作响。

【临江仙·天山大峡谷】

云卷高天摩远麓，金风扑面生寒。
轻车载酒放南山。
相携称妙友，对笑倚鞍鞯。

峡困碧龙湖漫草，牛羊满目方闲。
石门过后尽晴川。
清流飞左右，胡汉露欢颜。

【临江仙·三十六自题】

寒雾倾城凋树，长风永夜摧云。
今生笑与石榴裙。
功名风里去，缱绻梦中寻。

满腹经书作古，一腔浊泪成尘。
经年相负美人恩。
唯将今夜月，留证百年心。

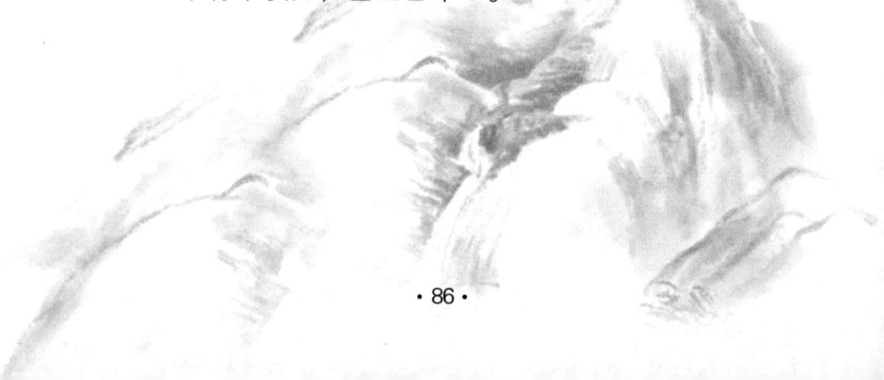

【临江仙・送王栋离京】

荷花香碾春光老，西窗借问清风。
未邀明月尽千盅，却随愁绪向江东。

燕子衔去伊讯息，明宵梦醒蟾宫。
笑拈刀笔挑帘栊，醉歌俚曲逸仙踪。

注 用和凝的临江仙变格词谱。

【临江仙・大雪日赴武汉】

四顾茫茫天似幕，只身闯过冰霜。
飞笺笑问友何方?
莫愁车缓缓，雪霁是荆襄。

换却青衫君北赴，相看今夜寒江。
匆匆聚散化参商。
常思驱意马，梦访东皋乡。

注 东皋村，友人所居地，隶属于福建省福清市城头镇。

【临江仙·别武汉】

鄂检千期须共庆，匆匆夜入荆襄。
筵间笑语伴千觞。
多愁升暮色，散罢话联床。

驰骋飞虹君渐远，孤身才过长江。
铅云未破雨沾裳。
通天登曲路，此去莫徜徉。

注 湖北省检察院“鄂检在线”微信公众号发布满一千期，举办研讨会，我和几位友人与会并发言，作诗记之。

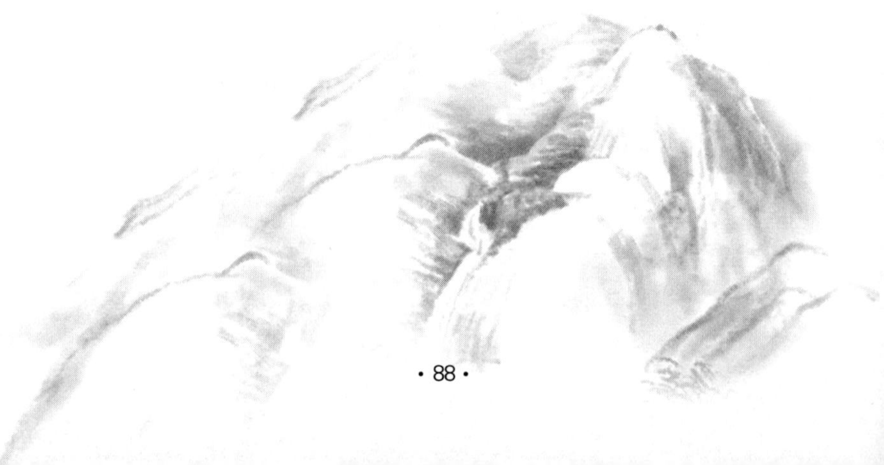

（十三）卜算子

【卜算子·寄江歌】

曲曲寄寒江，瑟瑟飞鸿影。
欲渡瀛洲几棹通，梦引孤萱醒。

扰扰默经年，故故鸣霜景。
来日魂思去日歌，定是娘心病。

注 中国留学生江歌在日本被闺蜜的男友杀害，举国关注，作诗记之。

【卜算子·之福州致友人】

风抚闽江波，寒浸香山露。
一缕相思恁寄托，摩挲貔貅肚。

才是送君归，又往君归处。
抛去秋凉就暖阳，笑换单衣裤。

注 用王观别意旧韵。貔貅为福州兄弟所赠，闲来把玩，乐在其中。小聚后数日将再往福州，甚喜。作诗记之。

【卜算子·别林殊】

北境鼙鼓催，边塞鸣镝处。
一道烽烟入金陵，竟是天倾覆。

忍顾旧山河，破碎归胡虏。
独撑病骨赴征尘，梦断廊州路。

【卜算子·少壮莫伤怀】

千里共愁心，郁悒无从诉。
欲寄温言与弟听，泪转先湿目。

少壮莫伤怀，笑踏荆棘路。
莫道真心胜伪情，惟劝学忠恕。

注 友人事业不顺，身体欠佳，作诗开解，聊寄此心。

【卜算子·送锦弟归】

梦醒正三更，已是归程动。
月隐星沉寒夜行，雾薄霾仍重。

欲语竟无言，惆怅终相送。
北往南来或有时，夕与朝相共。

【卜算子·致杭州友人】

淡墨得传神，疏笔留真谛。
千里相思纸上托，画与情同递。

切切久牵怀，念念如何寄。
画影成真不是君，空付相思意。

【卜算子·咏槐花】

朝雨洗槐花，零落南行路。
失却枝头往日怜，绝了蜂垂顾。

皎皎欲凝冰，涩涩堪茹素。
发愿随风滚入尘，饱了虫儿肚。

【卜算子·自题】

独坐泪横垂，忽觉心中苦。
帘外寒鸦屋内人，对觅啼声处。

目断远斜阳，欲往身难主。
心事如麻任意拷，不见前行路。

（十四）一丛花

【一丛花·夜中题和月舞】

一枕残梦近潇湘，一派水茫茫。
一腔痴话同谁讲，一江泪，一片愁肠。
一月孤悬，一人独寝，一握是凉凉。

一封鱼素对银釭，一笑慰离殇。
一宵风冷衣衫薄，一思量，一念成慌。
一串跫音，一丛狸影，一夜又惶惶。

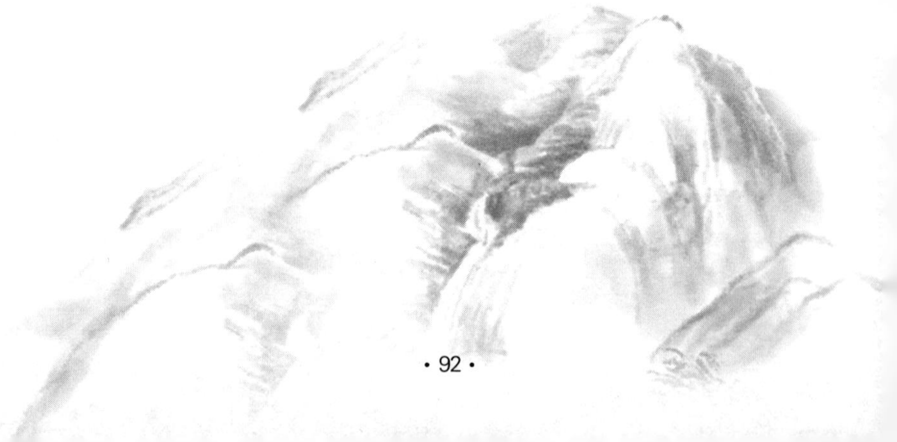

（十五）十六字令

【十六字令·同】

同！旧友新朋选韵重。
难谋面，闲趣共吟风。

同！莽莽西山处处枫。
知心意，杯酒过三盅。

同！十里长街万丈红。
凭栏句，赫赫是无功。

注 云居寺诗友分韵作诗，得青字。

【十六字令·别】

别。金河万柳舞长街。
西风骤。眉锁相思结。

别。怎堪冷雨清秋节。
忍归去。愁心向云阶。

注 用新韵。

【十六字令·福州遇台风有感】

闷。西湖浪缓映铅云。
丝丝雨，捆绑夜归人。

热。烟雾如纱笼昏晨。
湿衣透，无扇驱虫蚊。

困。风携雨来骤敲门。
窗棂响，惊起异乡魂。

（十六）一剪梅

【一剪梅·别潇湘】

雾里潇湘梦里窗，未解相思，已动归鞅。
沾襟泪浸有余香，听尽蛩音，画尽梅妆。

烟锁清秋客断肠，仰是霜天，俯是寒江。
无眠一夜理行装，记得加餐，莫再开箱。

（十七）水调歌头

【水调歌头·湘江秋夜】

秋雨锁南国，入楚遂成囚。
半帘低卷寒透，因是又中秋。
雁去衡阳应歇，客到天涯路绝，天地恁多愁。
分付一江水，从此向东流。

倚松石，听啸泣，忆温柔。
恍如初见，春发秋肃两惊眸。
吹皱梅溪波碧，吹老菱花生白，滚滚过汀州。
岁岁风知我，缱绻落幽州。

【水调歌头·送别】

寒染燕山叶，片片化离愁。
永定河畔风物，不似橘子洲。
纵有千般不舍，怎奈归期又至，郁郁锁眉头。
且把满心恨，含笑咽入喉。

潇湘雨，颦儿泪，落悠悠。
春城昨日，十载游学意相投。
一诺鸳盟既定，两地相思成酿，岁岁暑寒游。
塞北双飞客，魂梦共兰舟。

【水调歌头·梅长苏】

梅岭枝头雪，琅琊榜首名。
一袭白裘东渡，王孙相伴行。
风雨金陵故地，亭院楼阁依旧，此夜难为情。
十年蚀骨债，七万血衣凝。

红颜苦，挚友泪，伤病凌。
少年无敌，几番梦里御雷霆。
可恨馋臣构陷，无奈忠良含冤，将军目不瞑。
忍施毒心计，誓谴天道刑！

注 多有出律之处，保留此稚嫩少作，以为自省。

【水调歌头·寄语陈锦归闵】

笑结今生友，相识自忘年。
音书难识君貌，真个熊罴仙?
何必书生白面，好个威风男子，壮硕正当年!
赳赳英雄概，万事敢争先。

撰律疏，摹经画，警愚贤。
质心耿直，曾抒胸臆触天颜。
幸得伯乐青眼，复有冥冥相佑，困局转平安。
莫惧多谤诟，道义验双肩。

【水调歌头·橄榄核】

微末察万象，指掌握人间。
浮世凭寄刀下，刻画逍遥篇。
玉肉青皮皆朽，硬骨坚心长存，个中难两全。
幸得造化手，点就核中仙。

小舟秀，罗汉丑，八宝鲜。
柔荑铁腕，贤愚百态竞舟山。
素来珍宝稀缺，道是无缘难见，蓦地置尊前。
自此求汗渍，静夜久盘玩。

（十八）青杏儿

【青杏儿·无题】

骤雨尾阑珊。
痴鸣鸟，闲唱孤单。
平生负尽殷勤意，
今朝花盛，明朝花败，
皆是难堪。

几许梦华残?
低眉处挽皱青衫。
烟尘莽莽芳樽浅，
独酌饮泪，对酌饮血，
愁断西山。

（十九）满江红

【满江红·无情酌】

辗转难平，听思绪，成愁堆作。
惊记起，音书渺渺，形容漠漠。
敢放襟怀惮语恶，常思过往知行错。
费千杯，漫悟得今生，无情酌。

何所嗜，诗与乐。
滋白芷，骑黄鹤。
梦中游，驰骛山川河洛。
月卧峰峦松缱绻，风行江海桴漂泊。
夜半醒，忽寂寞难堪，声声柝。

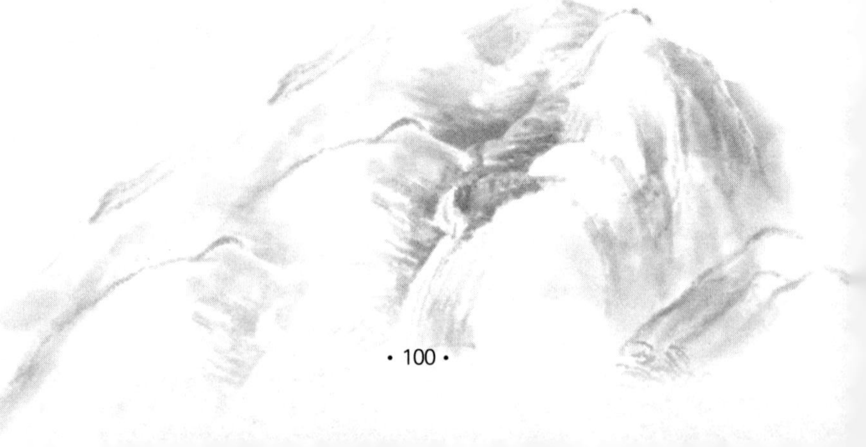

【满江红·送兄弟离别】

月近中秋，冰轮转，寒侵修竹。
争忍顾，异姓兄弟，踯躅行宿。
知己泪断千觥醉，离人心撕万瓣菊。
愿此生，不忘手足情，坚如玉。

酒伴茶，指间伏；情与法，心中嘱。
措文辞，千古信实忠笃。
常思报国凭刀笔，淡看功名任追逐。
他年里，唯盼复同游，前缘续。

注 友人结束借调离京，作诗十首相送。此为其中一首。

（二十）定风波

【定风波·西安行】

望断骊山渭水旁，魂牵李杜入咸阳。
身倚荷塘观云绽，夜半，漫朝湖月觅秋凉。

丹凤含元遗作土，何处，高楼百丈对新墙。
检点风流谁久驻，归路，斯人最忆米皮香。

【定风波·夜宿杭州】

秋夜西湖水墨中，擎荷连碧隐鱼踪。
若遣丹青须妙笔，画里，孤山柳暗诉西风。

夜枕之江随浪涌，半醒，鼾声未落起船声。
默数千舟东去罢，休话，一腔心事与谁听。

注 用新韵。

【定风波·白露夜雨】

白露寒生化雨微，孤鸿失伴夜南飞。
应料秋风如许劲，支影，来年老翅复能归？

斜倚楼台怜淡月，切切，闲愁无计总成悲。
抛却多情修晚课，枯坐，前盟旧梦莫须追。

（二十一）蝶恋花

【蝶恋花 · 送友人归】

客未归乡花未老。
早约同游，恨被红尘扰。
方到闲来天正好，那堪折柳君归早。

此去相思应渐少。
消息殷勤，莫待催青鸟。
又是无言迎晚照，江湖路远人踪杳。

【蝶恋花 · 旗山晴雨】

如画旗山晴雨处。
山寄烟岚，翠色接天幕。
草径芳亭连绮麓，烟岚袅袅通云路。

昨日凭阑极远目。
虫泣秋风，挚友堪怀顾。
夜浴松汤得一晤，秋风瑟瑟真如诉。

注 用新韵。

【蝶恋花·贺桂圆银河奖】

幻梦秦淮瑰丽景。
公子慵游，墨胆文心醒。
谐笑金陵多怪影，独忧浊世罹妖病。

治乱描摹堪鉴镜。
折桂银河，不负魁星命。
明日高堂听质证，初心不改平如秤。

注 祝贺友人"桂公梓"赵俊喜获银河奖，作诗记之。

【蝶恋花·戊戌立冬日自寿】

浅饮西风霜作露，岁岁寒来，谩道安如故。
酒入空樽花枉顾，朱颜白发齐辜负。

鸟渡黄昏云歇树，忆雪晴时，物我曾游驻。
掐指人间羁半路，知心莫笑前缘误。

（二十二）唐多令

【唐多令·之潮州】

春暮客潮州，携来喜与忧。
夜阑珊，雨霁云稠。
暑气初蒸人倦矣，窗独倚，懒登楼。

兹事待从头，何妨南北求。
越关山，远路迟休。
唯念小苹难入梦，应盼我，早回舟。

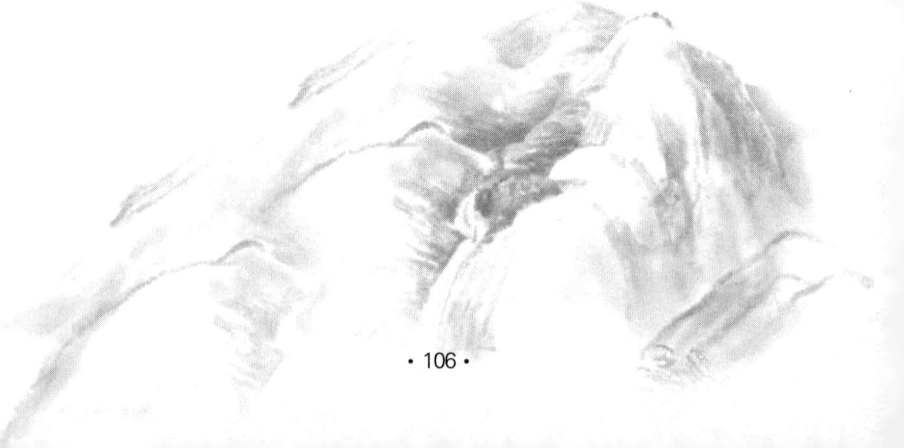

【唐多令·新乡夜饮酬答】

满院夜风凉，沾唇肉串香。
眼与蝉，令我凄惶。
饭菜鱼羊欢故友，将进酒，醉新乡。

厌厌是离殇，人生处处尝。
知己交，便作牵肠。
堪把诗题轻托付，曾相聚，毋相忘。

注 蝉与眼，指人生第一次吃烤蝉和烤羊眼睛。饭菜鱼羊，范蔡于扬四友人姓名谐音，权作玩笑。

【唐多令·年终感怀】

新病挽新愁，伊人独自忧。
最难堪，久锁眉头。
扰扰西风飞满院，听呜咽，久淹留。

清水伴清粥，浑将口腹休。
理浮生，半是冬秋。
顿悟修行真妙谛，衣棉素，胜貂裘。

注 用新韵。

【唐多令·岁末月夜有感】

黄月漫清寒，铅云漫浊残。
夜行人，谁去谁还。
欲问韶华何处付，应与我，共婵娟。

相语费千言，相思费十年。
燕如归，情寄修椽。
霜锁楼台风瑟瑟，阑倚遍，望西山。

注 西山，指笔者所居之地西山奥园，靠近北京西山山脉八大处。

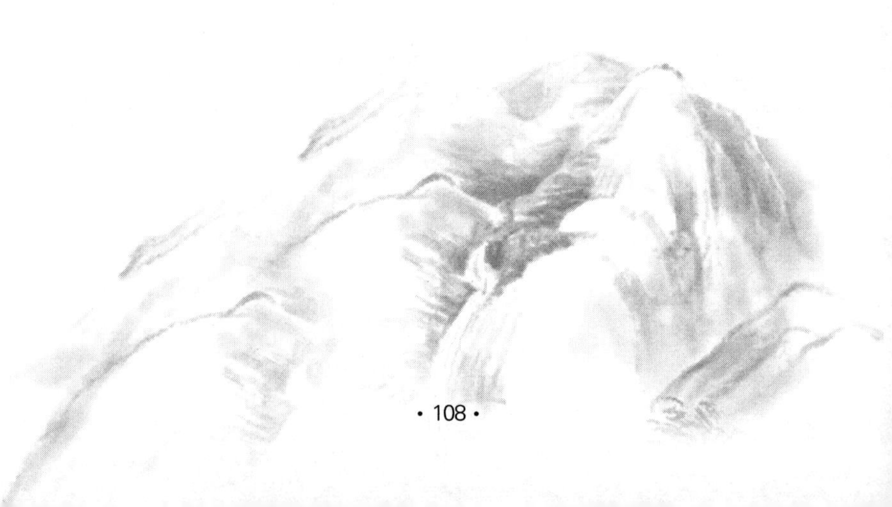

（二十三）玉楼春

【玉楼春·长春夜思】

人间秋日春城早，木也萧萧云也缈。
沐风吹鬓草花香，极目登楼鹰雀杳。

青衿换作缁衣老，十里南湖犹正好。
笑忘柳下约何迟，换得枕边嗔欲恼。

【玉楼春·欣闻友人入京有感】

鸿飞雁往归何处，海角楼头须少驻。
闽江风信晚来迟，明月横穿燕赵土。

桃花未放西山路，芽柳方生三两树。
芳菲浅入故人杯，相醉春光朝与暮。

【玉楼春·贺小苹芳诞兼寄诸亲友】

识来总被尘缘误，三纪华年人两处。
相思直道系相知，谁解相思生恚怒。

酒催芳寿怜湘女，诗付眉尖心默许。
和风细柳又相逢，且卧西山安逆旅。

【玉楼春·七夕夜】

楼头月隐眉尖蹙，拈缕清风皆盖覆。
敲窗秋雨泪成珠，入夜诗工愁似瀑。

槐花落尽无香馥，片片辞枝声簌簌。
来年时节再逢君，我自独行君独宿。

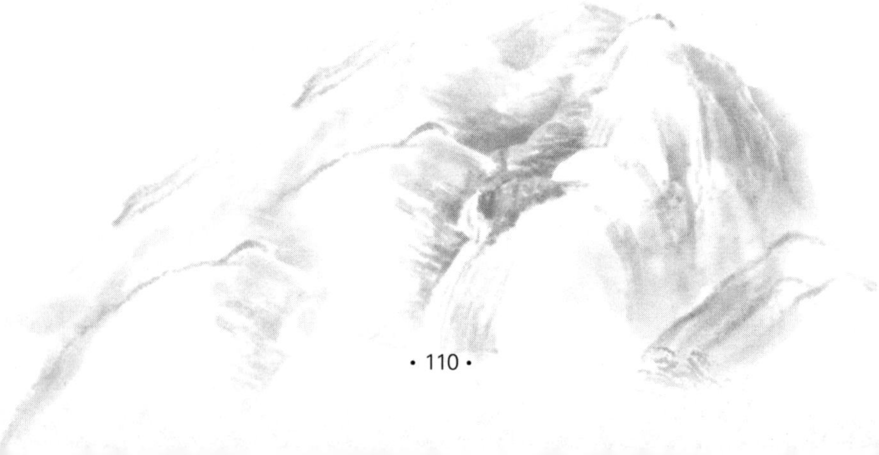

（二十四）浪淘沙

【浪淘沙·与锦弟书】

而立正当年，应仿先贤。
严光独钓可堪怜。
赤壁周郎谈笑处，弹指千年。

故地莫流连，一往无前。
三春秀色破寒园。
踏过危峰迎紫气，得道神仙。

【浪淘沙·年末感怀】

霾散雪无踪，久别东风。
西山寂寂意空空。
月下拈花应一笑，已是残冬。

抬眼看青松，独立山峰。
漫瞻衰草换芳丛。
往事前尘君莫问，愿与春逢。

【浪淘沙·作文难】

莫道作文难，应仿先贤，
抽丝剥茧制鸿篇。
寂寂孤灯长照夜，辗转难眠。

意兴早阑珊，愁绪绵绵，
闭门羞凑假箴言。
抛笔遮颜从此去，嗤笑成癫。

【浪淘沙·宴饮未成欢】

宴饮未成欢，推罢杯盘，
金裘刀马值几钱?
少遇知心难把酒，慵挑眉尖。

梦里过青山，故友身边，
当时明月彩云间。
恨不今宵同醉了，倚背欹肩。

【浪淘沙·景琰】

秋猎九宫山，玉蹬金鞍，
雕弓力挽玉镝寒。
走犬飞鹰驱白鹿，此间少年。

血涴九宫山，吹角狼烟，
袍泽死战御宫前。
受命临危安社稷，地覆天翻。

注 用新韵。

【浪淘沙·飞流】

魅影踏风行，杀戮东瀛，
腰间寒刃血初凝。
潦倒相逢常相伴，日久生情。

赤子乐金陵，屡忘叮咛，
飞檐走壁摘天星。
近卫麒麟轻一死，如影随形。

【浪淘沙·代友人拟思兮兮】

揉碎百张笺，愁上眉间，
怯发片语诉情篇。
遥想同游明月夜，笑靥清甜。

只影伴孤帆，飞渡关山，
相思怎比共交欢。
执手许得白首愿，怜玉惜菡。

注 菡字发音阳平，取自友人名字玉菡发音。用新韵。

（二十五）踏莎行

【踏莎行·代友人拟致娇妻词】

暖暖熏风，迟迟倦鸟，残阳落尽人踪杳。
寻常道是苦相思，相思尽处心生恼。

冷冷清宵，幽幽碧草，阑干独倚难成觉。
肠衷未语黯销魂，销魂不悔相携老。

【踏莎行·雨夜有感】

暮雨生烟，银丝乱目，群山漠漠红枫处。
未舒愁病莫登山，那堪望断天涯路。

牵念聆音，相思睹物，飞鸿杳杳知何故?
那堪清冷故人心，恹恹暗恨多情误。

注 用新韵。

【踏莎行·机场路上】

岚气烟飞，鳞云玉碎，蒙蒙困意如沉醉。
冷风吹入暖襟怀，多愁久病恹恹睡。

豆软弥香，粥清入味，回旋齿缝驱寒气。
须收懒散候登机，相思老友今相会。

【踏莎行·中秋夜】

人月修圆，古今同酹，一蓬秋雨愁滋味。
相思寸寸总关情，流光寄去难成寐。

辗转年年，酴醾岁岁，半身肝胆皆挼碎。
芳樽酒满莫稍停，欲寻梦里鸳鸯醉。

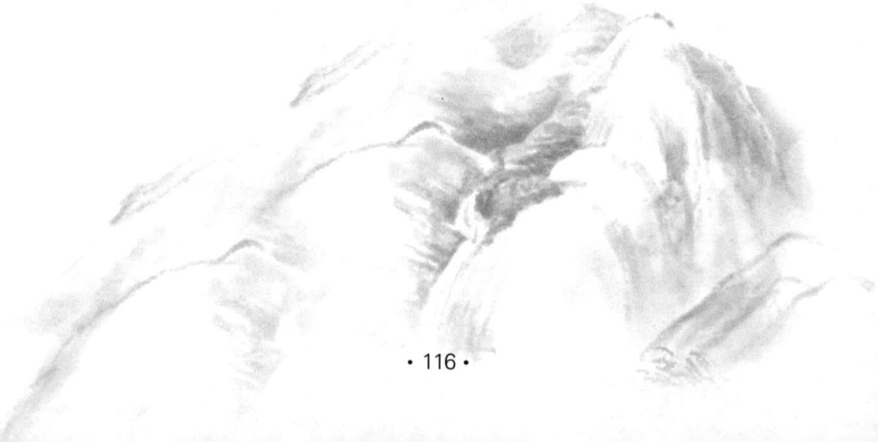

（二十六）长相思

【长相思·向南行】之一

远杭州，近福州，浓绿旋归浅翠收。
冬消草满丘。

向南游，向北游，江水滔滔意不休。
同归海尽头。

注 乘高铁自杭州之福州，路上作长相思三首。

【长相思·向南行】之二

远杭州，近福州，去日愁心今日休。
迢迢望小楼。

向南游，向北游，竞渡争流几十秋。
安将闲趣留？

【长相思·向南行】之三

远杭州，近福州，远近青山雾里收。
倚窗人忘忧。

向南游，向北游，南北匆匆莫挽留。
浮生多此愁。

【长相思·福州行】

离凤楼，东南游，翼动青鸾下福州。
台风使客愁。

望山丘，入仲秋，翠树满坡红褐鎏。
雨微人湿头。

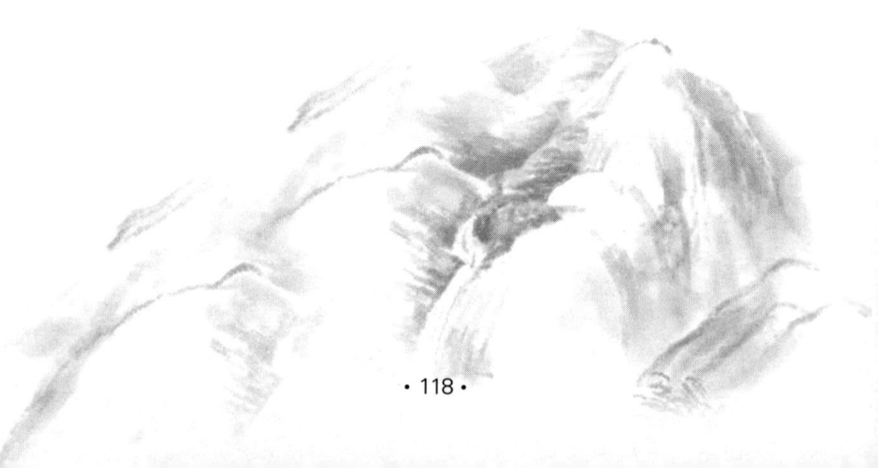

（二十七）青玉案

【青玉案·云涛滚滚归程路】

云涛滚滚归程路，莫回首，琼州处。
青帝人间于此驻。
指间沙白，裙边湾碧，浪里鱼儿语。

蓝衫绿袖青椰树，左右佳人共邀舞。
醉客停杯听密鼓。
扯衣一跃，挣开尘网，跳入仙宫去。

（二十八）巫山一段云

【巫山一段云·三亚】

碧海冲云淡，角梅映日红。
椰青叶翠满葱茏。微雨正相逢。

情起谈诗话，君来换酒盅。
今宵莫逆快哉风。去日各西东。

注 角梅，指三角梅。

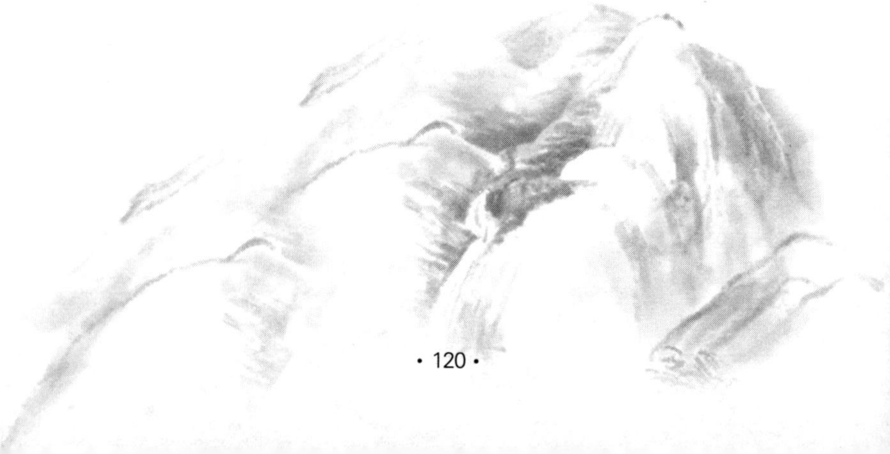

（二十九）南歌子

【南歌子·近重阳】

雨润竹枝绿，风凉草叶黄。
虫喑燕去近重阳。
愁似去年旧蔓，锁篱墙。

书里桃源冷，茶中桑梓香。
天涯孤旅正怀乡。
应是菊花嗅遍，泪如浆。

（三十）虞美人

【虞美人·别福州】

高楼梦醒天光暗，欢聚终须散。
佳节微雨落江湖，兄弟送别一路向归途。

河名安泰堪折柳，挥泪离亲友。
天涯路远月同明，如寄相思万缕在东亭。

注 用新韵。

【虞美人·静妃】

岐黄有术方豆蔻，卅载听更漏。
芷萝宫冷静参禅，又换相思入梦，梅石楠。

庖厨聊遣惆怅意，闲读翔地记。
淡看斧鸩乱尊前，竟是江山共主，萧景琰。

（三十一）采桑子

【采桑子·赠卫红】

卿卿本是罗敷女，红妆美貌。
似嗔似恼，人间百样合欢好。

鹣鹣或有分飞日，天涯海角。
且哭且笑，多情总被无情扰。

注 填了个仄韵采桑子，词谱无仄韵，权作友人间游戏。

【采桑子·眉间】

眉间愁绪唇边语，爱也呢喃，恨也呢喃，
憔悴伊人病倚阑。

情丝绕指人难剪，来也痴缠，去也痴缠，
笑泪经年总是缘。

注 用新韵。

【采桑子·赠友人】

胡家得抱谪仙女，笑也兮兮，人也依依，
裙下蜂蝶常叹息。

名传菡萏人人晓，顾盼兮兮，倩影依依，
易老红颜谁惋惜？

注 用新韵。

【采桑子·寄语陈锦归闽】

久闻冠盖迟初见，素日神交。
素日神交，未料别离魂也销。

飘摇半载人归去，难续同僚。
难续同僚，相忘江湖远遂遥。

【采桑子·霓凰】

红颜未黯芳华老，情意煎熬。
十载煎熬，白马银枪纵天骄。

于飞彩翼谁堪共，武擂过招。
何用过招，早许冰心绕梅梢。

【采桑子·新乡】

匆匆夜访心沉醉，梦落新乡。
胜似吾乡，半碗清茶胜酒浆。

群贤笑闹香锅沸，把臂同窗。
共忆同窗，喟叹昔年意气荒。

【采桑子·初四】

长沙二月春寒绕，未暖心头，
愁锁眉头，结伴双来独自留。

黄花孤影惊鸿逝，又是离愁，
无计消愁，梦语湘江向北流。

注 大年初五即将与妻分别，拟小词遣此心怀。

（三十二）忆秦娥

【忆秦娥·用太白韵迎友人入京】

西风咽，西山雪舞西窗月。
西窗月，融融映雪，正宜良夜。

君思欢聚我忧别，别长聚短伤佳节。
伤佳节，西山契阔，当歌千阙。

（三十三）如梦令

【如梦令·有感】

莫道飞来变故，良驷偶临歧路。
清冷奈何天，梦访子规啼处。
何物，何物，能挽此魂常驻。

注 致一位与癌症病魔抗争的朋友，一切都会好起来。我们能做的不多，唯有默默祈祷与尽力帮忙。

【如梦令·房山行】

丝雨因风成雾，遮断行人归路。
斜倚乱翻书，温有凤来仪故。
日暮，日暮，魂梦竟穿朱户。

注 房山行，居所名有凤来仪，令人遐思。

（三十四）金缕曲

【金缕曲·谢师恩】

梦返春城否?
师恩重、不嫌顽劣，从头造就。
京国浮沉荒书卷，俯仰益增新疚。
拼却了、形销骨瘦。
夫子肩承师与道，把酒樽，遥将真心透。
《权力场》，本天授。

人情法理穿更漏。
任凭他，谤誉加身，书斋俯首。
商管申韩常为伴，案上一壶浊酒。
知与行，群伦领袖。
执教三尺皆桃李，蓦回舟，山色隔江秀。
弟子贺，千秋寿!

注 为恩师贺寿之作，格律多有不工之处，为保当年赤子真情，不加增减，以呈原貌。

（三十五）江城子

【江城子·凉】

一杯愁绪酒来温，最销魂，是离分。
问遍西风，未寄眼前人。
长使秋千空对月，从别后，厌天真。

石榴红泪血纷纷，染朱唇，入芳樽。
醉忆流年，欲老病中身。
画外横斜双镇纸，禁不住，又黄昏。

（三十六）武陵春

【武陵春·悼外祖张公】

戎马今生曾倦否？睹物故人疏。
百战之身影愈孤，未语泪凝珠。

犹记当年红果树，碧玉点丹朱。
莫道他年叶更舒，自别后、不如初。

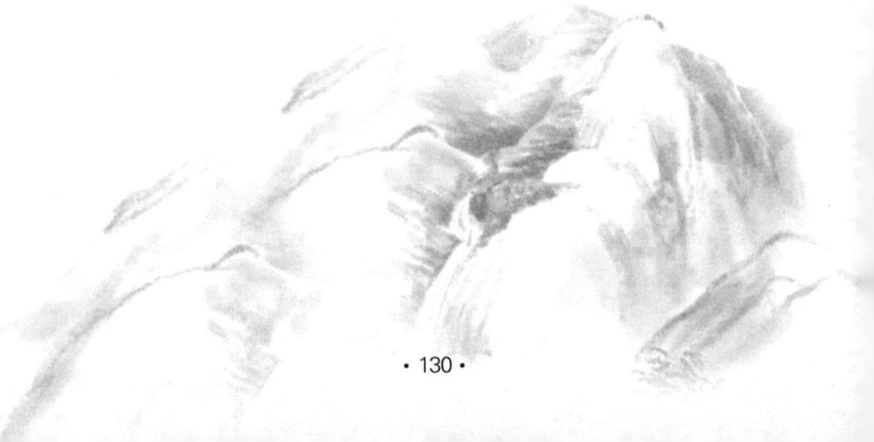

三、“笑解莎翁”篇

2015年秋冬之交，笔者于“法律人诗社”公众号正式连载《以词译诗·笑解莎翁》系列。

莎士比亚的十四行诗大名鼎鼎，前辈译者妙笔如花，各逞千秋。笔者拜读前人译作，归化派译法佳作纷呈，虽觉其美，然而仍觉译文未得中国文化气质真髓，仿佛雾里看花、水中掬月，不够圆融至善。

宋词之美，如果与莎士比亚结合，会有何奇妙反应？灵机一动，泛滥成灾。笔者遂发誓愿，以词译诗，笑解莎翁，译遍154首商籁体，请诸君鞭策、鼓励。目前，诸事烦扰，拉拉杂杂共译成36首，路漫漫其修远兮，方知求索之艰难。

现合辑刊出，如有错漏，万望斧正。余下118首，另成集刊出，立此为志。

【蝶恋花·笑解莎翁第一诗】

花有秋实人有嗣。对镜成痴，燃尽烛红泪。
不解鸳盟君已醉，红颜久负归憔悴。

遗世荣光难百岁。锦瑟华年，春夜听花坠。
韶色终埋香冢里，劝君惜取合欢意。

注 用新韵。

英文原诗

Sonnet 1

From fairest creatures we desire increase,
That thereby beauty's rose might never die,
But as the riper should by time decease,
His tender heir might bear his memory:
But thou contracted to thine own bright eyes,
Feed'st thy light'st flame with self-substantial fuel,
Making a famine where abundance lies,
Thyself thy foe, to thy sweet self too cruel.
Thou that art now the world's fresh ornament,
And only herald to the gaudy spring,
Within thine own bud buriest thy content,
And, tender churl, mak'st waste in niggarding.
  Pity the world, or else this glutton be,
  To eat the world's due, by the grave and thee.

【浪淘沙·笑解莎翁第二诗】

风雪惑流年，催皱容颜。
蛾眉鹤鹭染尘烟。
若问风流无觅处，悔泪成泉。

白首贺尊前，子孝孙贤。
宗祧有祭志承前。
血脉薪传担道义，尽在儿肩。

英文原诗

Sonnet 2

When forty winters shall besiege thy brow,
And dig deep trenches in thy beauty´s field,
Thy youth´s proud livery so gazed on now,
Will be a totter´d weed of small worth held:
Then being asked, where all thy beauty lies,
Where all the treasure of thy lusty days,
To say within thine own deep sunken eyes,
Were an all-eating shame and thriftless praise.
How much more praise deserved thy beauty´s use,
If thou couldst answer, 'This fair child of mine
Shall sum my count, and make my old excuse,'
Proving his beauty by succession thine.
  This were to be new made when thou art old,
  And see thy blood warm when thou feel´st it cold.

【临江仙·笑解莎翁第三诗】

斜照菱花风伴影，妆残独倚无凭。
今当把酒定鸳盟。
合欢播雨露，啼笑育孩婴。

四月芳菲何所驻，小窗轻唤儿名。
春风皱面笑中停。
那堪空对月，辜负画眉情。

英文原诗

Sonnet 3

Look in thy glass and tell the face thou viewest
Now is the time that face should form another,
Whose fresh repair if now thou not renewest,
Thou dost beguile the world, unbless some mother.
For where is she so fair whose uneared womb
Disdains the tillage of thy husbandry?
Or who is he so fond will be the tomb
Of his self-love to stop posterity?
Thou art thy mother's glass, and she in thee
Calls back the lovely April of her prime,
So thou through windows of thine age shalt see,
Despite of wrinkles, this thy golden time.
  But if thou live remembered not to be,
  Die single and thine image dies with thee.

【减字木兰花·笑解莎翁第四诗】

深闺寂寞，天赐韶华随叶落。
寂寞深闺，痴念檀郎怨转悲。

年年岁岁，愿效于飞君独醉。
岁岁年年，荒冢寒烟摧故园。

英文原诗

Sonnet 4

Unthrifty loveliness, why dost thou spend
Upon thyself thy beauty's legacy?
Nature's bequest gives nothing but doth lend,
And being frank she lends to those are free.
Then, beauteous niggard, why dost thou abuse
The bounteous largess given thee to give?
Profitless usurer, why dost thou use
So great a sum of sums yet canst not live?
For having traffic with thyself alone,
Thou of thyself thy sweet self dost deceive.
Then how when nature calls thee to be gone,
What acceptable audit canst thou leave?
  Thy unused beauty must be tombed with thee,
  Which, used, lives th'executor to be.

【卜算子·笑解莎翁第五诗】

逝水竞东流，荏苒春秋色。
曾润人间四月天，又伴西风侧。

冰雪覆苍茫，早有寻香客。
提取芬芳留作魂，复把春勾勒。

英文原诗

Sonnet 5

Those hours that with gentle work did frame
The lovely gaze where every eye doth dwell
Will play the tyrants to the very same
And that unfair which fairly doth excel;
For never-resting time leads summer on
To hideous winter and confounds him there,
Sap checked with frost and lusty leaves quite gone,
Beauty o′er-snowed and bareness every where.
Then, were not summer′s distillation left
A liquid prisoner pent in walls of glass,
Beauty′s effect with beauty were bereft,
Nor it nor no remembrance what it was.
　But flowers distilled, though they with winter meet,
　Leese but their show, their substance still lives sweet.

【卜算子·笑解莎翁第六诗】

冰雪妒春芳，香气藏春色。
十里芳菲萃入瓶，赠与寻香客。

客为护花来，游遍三春陌。
郁郁榴花四月栽，荫下麟儿乐。

注 用新韵。

英文原诗

Sonnet 6

Then let not winter's ragged hand deface
In thee thy summer ere thou be distilled.
Make sweet some vial; treasure thou some place
With beauty's treasure ere it be self-killed.
That use is not forbidden usury,
Which happies those that pay the willing loan;
That's for thyself to breed another thee,
Or ten times happier be it ten for one.
Ten times thyself were happier than thou art,
If ten of thine ten times refigured thee:
Then what could death do if thou shouldst depart,
Leaving thee living in posterity?
  Be not self-willed, for thou art much too fair,
  To be death's conquest and make worms thine heir.

【苏幕遮·笑解莎翁第七诗】

起金乌，翔四海。夸父曾追，万众希光彩。
红日当空堪主宰。日暮昆仑，却被星辉代。

浴朝阳，披暮霭。彳亍高峰，回首相思债。
耀目荣光难久在。莫负红颜，合卺传宗代。

英文原诗

Sonnet 7

Lo,in the orient when the gracious light
Lifts up his burning head,each under eye
Doth homage to his new-appearing sight,
Serving with looks his sacred majesty;
And having climbed the steep-up heavenly hill,
Resembling strong youth in his middle age,
Yet mortal looks adore his beauty still,
Attending on his golden pilgrimage;
But when from highmost pitch,with weary car,
Like feeble age he reeleth from the day,
The eyes,'fore duteous,now converted are
From his low tract and look another way:
  So thou,thyself outgoing in thy noon,
  Unlooked on diest unless thou get a son.

【蝶恋花·笑解莎翁第八诗】

曲付知音琴欲碎。
雅郑声闻，缕缕催人泪。
笑笑啼啼心似醉，余音袅袅谁知味。

歌尽桃花人不寐。
琴瑟谐鸣，出入成双对。
复把清歌传晚辈，桃花被里儿安睡。

英文原诗

Sonnet 8

Music to hear, why hear´st thou music sadly?
Sweets with sweets war not, joy delights in joy.
Why lov´st thou that which thou receiv´st not gladly,
Or else receiv´st with pleasure thine annoy?
If the true concord of well-tuned sounds,
By unions married, do offend thine ear,
They do but sweetly chide thee, who confounds
In singleness the parts that thou shouldst bear.
Mark how one string, sweet husband to another,
Strikes each in each by mutual ordering;
Resembling sire, and child, and happy mother,
Who all in one, one pleasing note do sing:
  Whose speechless song, being many, seeming one,
  Sings this to thee: 'Thou single wilt prove none.'

【浣溪沙·笑解莎翁第九诗】

情到浓时和泪辞，心忧生死误情痴。
何如相望复相知？

莫陷嗔痴双悒郁，愿抛生死共扶持。
白头应是弄孙时。

英文原诗

Sonnet 9

Is it for fear to wet a widow's eye
That thou consum'st thyself in single life?
Ah, if thou issueless shalt hap to die,
The world will wail thee like a makeless wife;
The world will be thy widow and still weep,
That thou no form of thee hast left behind,
When every private widow well may keep,
By children's eyes, her husband's shape in mind.
Look what an unthrift in the world doth spend,
Shifts but his place, for still the world enjoys it;
But beauty's waste hath in the world an end,
And kept unused, the user so destroys it.
  No love toward others in that bosom sits
  That on himself such murd'rous shame commits.

【忆江南·笑解莎翁第十诗】

今生恨，孤影踏红尘。
广厦危楼齐作土，诗笺病酒俱成嗔。
辜负美人恩。

英文原诗

Sonnet 10

For shame, deny that thou bear'st love to any
Who for thyself art so unprovident.
Grant if thou wilt, thou art beloved of many,
But that thou none lov'st is most evident;
For thou art so possessed with murd'rous hate,
That'gainst thyself thou stick'st not to conspire,
Seeking that beauteous roof to ruinate,
Which to repair should be thy chief desire.
O, change thy thought, that I may change my mind.
Shall hate be fairer lodged than gentle love?
Be as thy presence is, gracious and kind,
Or to thyself at least kind-hearted prove.
  Make thee another self for love of me,
  That beauty still may live in thine or thee.

【踏莎行·笑解莎翁第十一诗】

物朽如催，心期若共，缘何喜乐缘何恸？
春播夏种盼秋来，皆缘叶落秋实重。

造化常奇，人间久恸，谁堪泪祭谁堪颂？
天骄黎庶总归尘，儿孙堪续浮生梦。

注 用新韵。

英文原诗

Sonnet 11

As fast as thou shalt wane, so fast thou grow′st
In one of thine, from that which thou departest;
And that fresh blood which youngly thou bestow′st
Thou mayst call thine, when thou from youth convertest.
Herein lives wisdom, beauty, and increase;
Without this, folly, age, and cold decay.
If all were minded so, the times should cease,
And threescore year would make the world away.
Let those whom nature hath not made for store,
Harsh, featureless, and rude, barrenly perish.
Look whom she best endowed, she gave the more;
Which bounteous gift thou shouldst in bounty cherish.
  She carved thee for her seal, and meant thereby,
  Thou shouldst print more, not let that copy die.

【一剪梅·笑解莎翁第十二诗】

今日亭台立旧宫，斜倚墙东，数尽寒蛩。
谁栽岁柏伴檐钟？风过留声，低诉情衷。

不见青丝雪鬓中，尺素余空，鸿雁无踪。
流年似水逝匆匆，鸿去穿穹，独泣衰翁。

英文原诗

Sonnet 12

When I do count the clock that tells the time,
And see the brave day sunk in hideous night;
When I behold the violet past prime,
And sable curls all silvered o′er with white;
When lofty trees I see barren of leaves,
Which erst from heat did canopy the herd,
And summer′s green, all girded up in sheaves,
Borne on the bier with white and bristly beard;
Then of thy beauty do I question make,
That thou among the wastes of time must go,
Since sweets and beauties do themselves forsake,
And die as fast as they see others grow;
And nothing′gainst Time′s scythe can make defense,
Save breed, to brave him when he takes thee hence.

【长相思·笑解莎翁第十三诗】

桃花开，李花开，看尽芳菲百果摘。
宜将秀木栽。

儿在怀，孙在怀，孝顺儿孙次第排。
今生情不衰。

注 用新韵。

英文原诗

Sonnet 13

O, that you were yourself, but, love, you are
No longer yours than you your self here live:
Against this coming end you should prepare,
And your sweet semblance to some other give:
So should that beauty which you hold in lease
Find no determination, then you were
Yourself again after yourself's decease,
When your sweet issue your sweet form should bear.
Who lets so fair a house fall to decay,
Which husbandry in honour might uphold
Against the stormy gusts of winter's day
And barren rage of death's eternal cold?
O, none but unthrifts. Dear my love, you know,
You had a father; let your son say so.

【捣练子·笑解莎翁第十四诗】

曾学易，卜兴亡。
阅尽人间逐利忙。
星宿吉凶慵测也，别花携酒度秋凉。

英文原诗

Sonnet 14

Not from the stars do I my judgement pluck,
And yet methinks I have astronomy;
But not to tell of good or evil luck,
Of plagues, of dearths, or seasons' quality;
Nor can I fortune to brief minutes tell,
Pointing to each his thunder, rain and wind,
Or say with princes if it shall go well
By oft predict that I in heaven find:
But from thine eyes my knowledge I derive,
And, constant stars, in them I read such art
As truth and beauty shall together thrive,
If from thyself to store thou wouldst convert;
Or else of thee this I prognosticate:
Thy end is truth's and beauty's doom and date.

【菩萨蛮·笑解莎翁第十五诗】

阎浮万物生涯短，红尘裹去无人返。
命理映星痕，流年依北辰。

今朝花满户，明日风凋树。
老木羡新枝，为君吟此诗。

英文原诗

Sonnet 15

When I consider everything that grows
Holds in perfection but a little moment,
That this huge stage presenteth naught but shows
Whereon the stars in secret influence comment;
When I perceive that men as plants increase,
Cheered and checked even by the selfsame sky,
Vaunt in their youthful sap,at height decrease,
And wear their brave state out of memory;
Then the conceit of this inconstant stay
Sets you most rich in youth before my sight,
Where wasteful Time debateth with decay,
To change your day of youth to sullied night,
　And all in war with Time for love of you,
　As he takes from you,I engraft you new.

【菩萨蛮·笑解莎翁第十六诗】

此诗吟罢君华发，红笺锦字绡罗帕。
耳鬓久厮磨，巫山云雨多。

情浓常自得，去日忽相隔。
垂泪问花阴，可堪托此心。

英文原诗

Sonnet 16

But wherefore do not you a mightier way
Make war upon this bloody tyrant Time?
And fortify yourself in your decay
With means more blessed than my barren rhyme?
Now stand you on the top of happy hours,
And many maiden gardens,yet unset,
With virtuous wish would bear you living flowers,
Much liker than your painted counterfeit:
So should the lines of life that life repair,
Which this time's pencil,or my pupil pen,
Neither in inward worth nor outward fair
Can make you live yourself in eyes of men.
　To give away yourself keeps yourself still,
　And you must live,drawn by your own sweet skill.

【清平乐·笑解莎翁第十七诗】

芳魂逝处，诗稿陈君墓。
多少词章难尽数，微雨同游同渡。

皆道错爱成痴，可怜笔墨难支。
梦里思君形貌，明朝笑看佳儿。

注 到第十七诗止，莎翁商籁体诗集的儿孙篇结束，后续转入新主题。

英文原诗

Sonnet 17

Who will believe my verse in time to come
If it were filled with your most high deserts?
Though yet heaven knows it is but as a tomb
Which hides your life and shows not half your parts.
If I could write the beauty of your eyes,
And in fresh numbers number all your graces,
The age to come would say'This poet lies,
Such heavenly touches ne´er touched earthly faces.'
So should my papers, yellowed with their age,
Be scorned, like old men of less truth than tongue,
And your true rights be termed a poet´s rage
And stretched metre of an antique song:
  But were some child of yours alive that time,
  You should live twice, in it and in my rhyme.

【鹧鸪天·笑解莎翁第十八诗】

夏梦随风醒复发，无边碧绿伴红花。
红花沾露随风雨，绿叶梳云映彩霞。

君拾去，鬓旁插。今夕笑忘旧生涯。
何忧百岁归尘土，早寄诗情入万家。

注 用新韵。

英文原诗

Sonnet 18

Shall I compare thee to a summer′s day?
Thou art more lovely and more temperate:
Rough winds do shake the darling buds of May,
And summer′s lease hath all too short a date:
Sometime too hot the eye of heaven shines,
And often is his gold complexion dimmed;
And every fair from fair sometime declines,
By chance,or nature′s changing course,untrimmed;
But thy eternal summer shall not fade,
Nor lose possession of that fair thou ow′st,
Nor shall Death brag thou wander′st in his shade,
When in eternal lines to time thou grow′st,
  So long as men can breathe or eyes can see,
  So long lives this,and this gives life to thee.

【醉太平·笑解莎翁第十九诗】

春莺夏螗，歌云颂芳。
万般奇韵收藏，奈何冬日霜。

龟蜷鹤翔，观山瞰江。
故园千里芜荒，始知诗意长。

英文原诗

Sonnet 19

Devouring Time, blunt thou the lion′s paws,
And make the earth devour her own sweet brood;
Pluck the keen teeth from the fierce tiger′s jaws,
And burn the long-lived phoenix in her blood;
Make glad and sorry seasons as thou fleets,
And do whate′er thou wilt, swift-footed Time,
To the wide world and all her fading sweets;
But I forbid thee one most heinous crime:
O, carve not with thy hours my love′s fair brow,
Nor draw no lines there with thine antique pen;
Him in thy course untainted do allow,
For beauty′s pattern to succeeding men.
Yet do thy worst, old Time: despite thy wrong,
My love shall in my verse ever live young.

【南歌子·笑解莎翁第二十诗】

卫玠孪生貌，嫦娥转世身。
双眸剪水似春深，烦恼缘何兄弟种情根。

造化今朝错，阴阳去日昏。
婵娟摇曳丈夫魂，颠倒平生沉醉恋芳樽。

注 用新韵。

英文原诗

Sonnet 20

A woman's face with Nature's own hand painted,
Hast thou, the master mistress of my passion;
A woman's gentle heart, but not acquainted
With shifting change, as is false women's fashion;
An eye more bright than theirs, less false in rolling,
Gilding the object whereupon it gazeth;
A man in hue all hues in his controlling,
Which steals men's eyes and women's souls amazeth.
And for a woman wert thou first created;
Till Nature as she wrought thee fell a-doting,
And by addition me of thee defeated,
By adding one thing to my purpose nothing.
  But since she pricked thee out for women's pleasure,
  Mine be thy love, and thy love's use their treasure.

【蝶恋花·笑解莎翁第二十一诗】

粉面桃花妆色急。叠翠环珠，月下争辉熠。
锦字红笺青箬笠，词心拙仿花间集。

袅袅伊人风御荻。质胜梨花，形瘦盈盈立。
卸去铅华魂欲涤，情如赤子元贞吉。

英文原诗

Sonnet 21

So is it not with me as with that Muse,
Stirred by a painted beauty to his verse,
Who heaven itself for ornament doth use,
And every fair with his fair doth rehearse;
Making a couplement of proud compare
With sun and moon, with earth and sea's rich gems,
With April's first-born flowers, and all things rare
That heaven's air in this huge rondure hems.
O, let me true in love but truly write,
And then believe me, my love is as fair
As any mother's child, though not so bright
As those gold candles fixed in heaven's air:
  Let them say more that like of hearsay well;
  I will not praise that purpose not to sell.

【虞美人·笑解莎翁第二十二诗】

情心一片交相换，念作今生伴。
红颜对镜未曾忧，信是春风自解鬓边秋。

青丝浅近凭霜染，轻唤君行缓。
暂撑柔骨叹春愁，羡那如烟岸柳共君游。

注 用新韵。

英文原诗

Sonnet 22

My glass shall not persuade me I am old,
So long as youth and thou are of one date;
But when in thee Time's furrows I behold,
Then look I death my days should expiate.
For all that beauty that doth cover thee
Is but the seemly raiment of my heart,
Which in thy breast doth live, as thine in me.
How can I then be elder than thou art?
O, therefore, love, be of thyself so wary
As I, not for myself, but for thee will,
Bearing thy heart, which I will keep so chary
As tender nurse her babe from faring ill.
  Presume not on thy heart when mine is slain;
  Thou gav'st me thine, not to give back again.

【江城子·笑解莎翁第二十三诗】

梅妆初试意慌慌。
裹霓裳，唤檀郎。
欲语还羞，摇乱钿钗光。
一日情心千百转，春梦里，费思量。

十年换得倚西窗。
正怀乡，断柔肠。
万语千言，和泪入秋江。
鸿雁无踪君影杳，应恕我，鬓先霜。

英文原诗

Sonnet 23

As an unperfect actor on the stage,
Who with his fear is put beside his part,
Or some fierce thing replete with too much rage,
Whose strength's abundance weakens his own heart;
So I, for fear of trust, forget to say
The perfect ceremony of love's rite,
And in mine own love's strength seem to decay,
O'ercharged with burthen of mine own love's might.
O, let my looks be then the eloquence
And dumb presagers of my speaking breast,
Who plead for love, and look for recompense,
More than that tongue that more hath more expressed.
  O, learn to read what silent love hath writ.
  To hear with eyes belongs to love's fine wit.

【破阵子·笑解莎翁第二十四诗】

笔墨丹青正好，胭脂黛粉方消。
弱水三千一瓢饮，佳丽二八百样娇。
扶风红袖飘。

媚眼郎情淡淡，画眉妾意夭夭。
独倚西楼求新赋，不解东风紧旧缘。
抛心任柳摇。

注 用新韵。

英文原诗

Sonnet 24

Mine eye hath played the painter and hath steeled
Thy beauty's form in table of my heart;
My body is the frame wherein'tis held,
And perspective it is best painter's art.
For through the painter must you see his skill,
To find where your true image pictured lies,
Which in my bosom's shop is hanging still,
That hath his windows glazed with thine eyes.
Now see what good turns eyes for eyes have done:
Mine eyes have drawn thy shape, and thine for me
Are windows to my breast, where through the sun
Delights to peep, to gaze therein on thee.
  Yet eyes this cunning want to grace their art,
  They draw but what they see, know not the heart.

【诉衷情令·笑解莎翁第二十五诗】

公卿世代耀辰星，忠烈总无凭。
青衫落拓如我，故愿伴君逢行。

花幻灭，血飘零，与天争。
将军百战，负了红颜，倦了功名。

英文原诗

Sonnet 25

Let those who are in favour with their stars
Of public honour and proud titles boast,
Whilst I whom fortune of such triumph bars,
Unlooked for joy in that I honour most.
Great princes′favourites their fair leaves spread
But as the marigold at the sun′s eye,
And in themselves their pride lies buried,
For at a frown they in their glory die.
The painful warrior famoused for fight,
After a thousand victories once foiled,
Is from the book of honour razed quite,
And all the rest forgot for which he toiled:
  Then happy I, that love and am beloved,
  Where I may not remove nor be removed.

【天仙子·笑解莎翁第二十六诗】

万里桃花青帝主，离落枝头谁看顾。

落红此物最痴情，铺满路，香如故，默默心思风暗渡。

昨夜星辰穿晓雾，照水簪花蜂蝶顾。

德容浅陋总怀忧，虽相遇，难相聚，挥手他年双陌路。

英文原诗

Sonnet 26

Lord of my love, to whom in vassalage
Thy merit hath my duty strongly knit,
To thee I send this written embassage,
To witness duty, not to show my wit.
Duty so great, which wit so poor as mine
May make seem bare, in wanting words to show it,
But that I hope some good conceit of thine
In thy soul's thought, all naked, will bestow it:
Till whatsoever star that guides my moving
Points on me graciously with fair aspect,
And puts apparel on my tottered loving
To show me worthy of thy sweet respect:
Then may I dare to boast how I do love thee;
Till then, not show my head where thou mayst prove me.

【唐多令·笑解莎翁第二十七诗】

孤旅又离城，轻车逐月行。
话秋凉，柳瘦为凭。
黄叶萧萧风瑟瑟，吹去也，枉多情。

心虑复劳形，孤灯冷画屏。
念知音，泪久难瞑。
往日欢颜今日讯，思量遍，已天明。

英文原诗

Sonnet 27

Weary with toil, I haste me to my bed,
The dear repose for limbs with travel tired;
But then begins a journey in my head
To work my mind when body's work's expired:
For then my thoughts, from far where I abide,
Intend a zealous pilgrimage to thee,
And keep my drooping eyelids open wide,
Looking on darkness which the blind do see:
Save that my soul's imaginary sight
Presents thy shadow to my sightless view,
Which like a jewel hung in ghastly night,
Makes black night beauteous, and her old face new.
  Lo, thus, by day my limbs, by night my mind,
  For thee, and for myself, no quiet find.

【阮郎归·笑解莎翁第二十八诗】

天烧烈日透帘窗，忧焚满鬓霜。
愈行愈远是何乡，愁将泪几行?

风乍起，夜微凉，魂飞万里疆。
寒云冷月入西厢，无眠须断肠。

英文原诗

Sonnet 28

How can I then return in happy plight
That am debarred the benefit of rest?
When day's oppression is not eased by night,
But day by night and night by day oppressed,
And each, though enemies to either's reign,
Do in consent shake hands to torture me,
The one by toil, the other to complain
How far I toil, still farther off from thee.
I tell the day, to please him, thou art bright,
And dost him grace when clouds do blot the heaven:
So flatter I the swart-complexioned night,
When sparkling stars twire not thou gild'st the even.
  But day doth daily draw my sorrows longer,
  And night doth nightly make grief's length seem stronger.

【定风波·笑解莎翁第二十九诗】

潦倒江湖已半生，吟秋自怨类寒蛩。
夜泣声声多少泪，聒碎，敲窗冷雨梦难成。

浪里沙鸥知海阔，飞过，扶风一啸入青冥。
自与鲲鹏相与戏，天际，人间帝苑莫相迎。

注 用新韵。

英文原诗

Sonnet 29

When, in disgrace with fortune and men's eyes
I all alone beweep my outcast state,
And trouble deaf heaven with my bootless cries,
And look upon myself and curse my fate,
Wishing me like to one more rich in hope,
Featured like him, like him with friends possessed,
Desiring this man's art, and that man's scope,
With what I most enjoy contented least;
Yet in these thoughts myself almost despising,
Haply I think on thee, and then my state,
Like to the lark at break of day arising
From sullen earth, sings hymns at heaven's gate;
  For thy sweet love remembered such wealth brings
  That then I scorn to change my state with kings.

【蝶恋花·笑解莎翁第三十诗】

往事悠悠尘满壁，泪眼相看，逝水因风泣。
长叹一声清梦里，当时苦涩今重记。

永夜寒衙悄伫立，故友成尘，有语无从寄。
相遇相知情未已，思君不见长相忆。

注 用新韵。

英文原诗

Sonnet 30

When to the sessions of sweet silent thought
I summon up remembrance of things past,
I sigh the lack of many a thing I sought,
And with old woes new wail my dear time's waste:
Then can I drown an eye, unused to flow,
For precious friends hid in death's dateless night,
And weep afresh love's long since cancelled woe,
And moan the expense of many a vanished sight:
Then can I grieve at grievances foregone,
And heavily from woe to woe tell o'er
The sad account of fore-bemoaned moan,
Which I new pay as if not paid before.
  But if the while I think on thee, dear friend,
  All losses are restored and sorrows end.

【点绛唇·笑解莎翁第三十一诗】

孤影残灯，十年无处抛红豆。
与枝同瘦，泪浸鲛绡透。

雪鬓苍颜，病酒牵红袖。
门前柳，西风折就，结个相思扣。

英文原诗

Sonnet 31

Thy bosom is endeared with all hearts,
Which I by lacking have supposed dead;
And there reigns Love and all Love´s loving parts,
And all those friends which I thought buried.
How many a holy and obsequious tear
Hath dear religious love stol´n from mine eye,
As interest of the dead, which now appear
But things removed that hidden in thee lie!
Thou art the grave where buried love doth live,
Hung with the trophies of my lovers gone,
Who all their parts of me to thee did give,
That due of many now is thine alone:
  Their images I loved I view in thee,
  And thou, all they, hast all the all of me.

【相见欢·笑解莎翁第三十二诗】

英雄葬了北邙，自凄凉，
赚得一抔黄土，断人肠。

寻思遍，丝丝怨，入诗行。
笑我多情白发，泪潇湘。

英文原诗

Sonnet 32

If thou survive my well-contented day,
When that churl Death my bones with dust shall cover,
And shalt by fortune once more resurvey
These poor rude lines of thy deceased lover,
Compare them with the bett′ring of the time,
And though they be outstripped by every pen,
Reserve them for my love, not for their rhyme,
Exceeded by the height of happier men.
O, then vouchsafe me but this loving thought:
'Had my friend′s Muse grown with this growing age,
A dearer birth than this his love had brought,
To march in ranks of better equipage:
  But since he died and poets better prove,
  Theirs for their style I′ll read, his for his love.'

【浣溪沙·笑解莎翁第三十三诗】

红日巡天春复秋，金光耀世遍消愁。
千江逐去向东流。

疏懒扶桑常倚伴，殷勤夸父苦追求。
情深非是两相囚。

英文原诗

Sonnet 33

Full many a glorious morning have I seen
Flatter the mountain tops with sovereign eye,
Kissing with golden face the meadows green,
Gilding pale streams with heavenly alchemy;
Anon permit the basest clouds to ride
With ugly rack on his celestial face,
And from the forlorn world his visage hide,
Stealing unseen to west with this disgrace:
Even so my sun one early morn did shine,
With all triumphant splendour on my brow;
But out alack, he was but one hour mine,
The region cloud hath masked him from me now.
  Yet him for this my love no whit disdaineth;
  Suns of the world may stain when heaven's sun staineth.

【浣溪沙·笑解莎翁第三十四诗】

曾记东君独顾怀，暾暾烈日解阴霾。
忽而云卷并风来。

泪转成珠因有怨，情移别处令疑猜。
菱花影里黯双腮。

英文原诗

Sonnet 34

Why didst thou promise such a beauteous day,
And make me travel forth without my cloak,
To let base clouds o´ertake me in my way,
Hiding thy bravery in their rotten smoke?
'Tis not enough that through the cloud thou break,
To dry the rain on my storm-beaten face,
For no man well of such a salve can speak,
That heals the wound, and cures not the disgrace:
Nor can thy shame give physic to my grief;
Though thou repent, yet I have still the loss:
The offender´s sorrow lends but weak relief
To him that bears the strong offence´s cross.
  Ah, but those tears are pearl which thy love sheds,
  And they are rich and ransom all ill deeds.

注 34诗和33诗，语境一脉相承，都是将爱友比作太阳。这忽冷忽热的变化，就是情感的忽浓忽淡感受，怎不令人心焦。爱友的负心背叛，令诗人难过。可是，除了原谅他，又有什么办法？这就是爱吧。

【南歌子·笑解莎翁第三十五诗】

井澈沙鸣水，花娇蜂满梢。
乌云掩月恨良宵。
却是众芳芜秽令魂销。

把酒先盈泪，闻琴欲折腰。
古今骚客酹滔滔。
应羡情同元白两知交。

英文原诗

Sonnet 35

No more be grieved at that which thou hast done:
Roses have thorns, and silver fountains mud,
Clouds and eclipses stain both moon and sun,
And loathsome canker lives in sweetest bud.
All men make faults, and even I in this,
Authorizing thy trespass with compare,
Myself corrupting, salving thy amiss,
Excusing thy sins more than thy sins are;
For to thy sensual fault I bring in sense,
Thy adverse party is thy advocate,
And'gainst myself a lawful plea commence:
Such civil war is in my love and hate,
  That I an accessary needs must be
  To that sweet thief which sourly robs from me.

【渔歌子·笑解莎翁第三十六诗】

桃有芳菲木有枝，高山流水两相知。
缘已尽，戒难持，禅心挼碎起相思。

英文原诗

Sonnet 36

Let me confess that we two must be twain,
Although our undivided loves are one:
So shall those blots that do with me remain,
Without thy help, by me be borne alone.
In our two loves there is but one respect,
Though in our lives a separable spite,
Which though it alter not love's sole effect,
Yet doth it steal sweet hours from love's delight.
I may not evermore acknowledge thee,
Lest my bewailed guilt should do thee shame;
Nor thou with public kindness honour me,
Unless thou take that honour from thy name:
  But do not so; I love thee in such sort,
  As, thou being mine, mine is thy good report.

图书在版编目(CIP)数据

少作集:法理诗情两地书 / 晋言著. -- 北京:法律出版社, 2019
ISBN 978-7-5197-3402-2

Ⅰ. ①少… Ⅱ. ①晋… Ⅲ. ①法律-文集 Ⅳ. ①D9-53

中国版本图书馆 CIP 数据核字(2019)第 068588 号

少作集:法理诗情两地书
SHAOZUOJI:FALI SHIQING LIANGDI SHU

晋 言 著

策划编辑 周 洁
责任编辑 周 洁
装帧设计 鲁 娟

出版 法律出版社
总发行 中国法律图书有限公司
经销 新华书店
印刷 北京玺诚印务有限公司
责任印制 胡晓雅

编辑统筹 司法实务出版分社
开本 880 毫米×1230 毫米 1/32
印张 7.25
字数 109 千
版本 2019 年 4 月第 1 版
印次 2019 年 4 月第 1 次印刷

法律出版社/北京市丰台区莲花池西里 7 号(100073)
网址/www.lawpress.com.cn
投稿邮箱/info@lawpress.com.cn
举报维权邮箱/jbwq@lawpress.com.cn
销售热线/010-83938336
编辑电话/010-83938103

中国法律图书有限公司/北京市丰台区莲花池西里 7 号(100073)
全国各地中法图分、子公司销售电话:
统一销售客服/400-660-6393
第一法律书店/010-83938334/8335
西安分公司/029-85330678
重庆分公司/023-67453036
上海分公司/021-62071639/1636
深圳分公司/0755-83072995

书号:ISBN 978-7-5197-3402-2
定价:36.00 元